実務の技法シリーズ **11**

遺産分割の
チェックポイント

著

髙中正彦

市川　充

安藤知史

吉川　愛

宇賀神久雄

弘文堂

シリーズ刊行にあたって

　ひと昔は、新人・若手弁護士は、先輩弁護士による OJT によって実務を学び、成長していったものであるが、現在は残念なことに、先輩弁護士から十分な実務の指導を受ける機会を得られない弁護士や指導が短期間に終わってしまう弁護士も、かなりの数に上っているようである。そのような OJT に対する強い要望が背景にあるのであろう、弁護士実務のノウハウや留意点を叙述した新人・若手弁護士向けの実務書が実に多数刊行されている。しかし、それらを見ると、若干高度すぎる内容となっているもの、真に先輩弁護士に相談したい事柄を網羅していないもの、先輩の経験談を披露したにとどまるものなどが混在しているように思われる。

　このような状況の中、私たちは、実務を適切に処理するにあたって体得しておくべき技法を、一覧性のあるチェックポイントと簡潔かつ明快な基礎知識とともに叙述する書籍が必要とされているのではないかと考えるに至った。執筆陣には、新人・若手弁護士に接する機会が多い中堅弁護士を核とし、さらにはこれに気鋭の若手弁護士にも加わってもらった。「実務の技法シリーズ」と銘打ったこの出版企画は、弁護士が実務において直面するであろう具体的な場面を想定し、これを紛争類型ごとに分けたシリーズとなっている。本シリーズは全巻を通して、新人弁護士ノボルが身近な先輩弁護士である「兄弁」「姉弁」に対して素朴な疑問を投げかけ、先輩がこれに対して実務上のチェックポイントを指摘しながら回答していく対話から始まる。その後にチェックポイントをリスト化して掲げることを原則とし、その解説を簡潔に行うという構成となっている。このチェックリストだけを拾い読みしても、有益なヒントを得ることができるものとなっている。さらに、当該事件を処理する上での必携・必読の文献をまとめたブックガ

イドを本編に先立って設けているが、これは類書にはほとんど見られ
ない本シリーズの大きな特色であろうと自負している。また、随所に
コラム欄も置き、実務上知っておきたい豆知識や失敗しないための経
験知を気楽に身につけることができるようにも工夫した。

　本シリーズは、各法律・紛争分野ごとの巻のほか、これに総論的テ
ーマを扱う巻を加えて順次刊行していく予定である。読者の皆様には、
ぜひ全巻を机上に揃え、未経験・未知の案件が舞い込んだときにも、
該当する巻をすぐ手にとり、チェックポイントを確認して必要部分の
解説を通読していただき、誤りのない事件処理をする一助としていた
だきたいと念願している。また、ベテランの弁護士の方々にも、未経
験の事件のほか、自らの法律知識や実務経験の再チェックをするため
に本シリーズを活用していただけるならば、望外の幸せである。私た
ちも、実務家にとってそのように身近で有用なシリーズとなるよう、
最大限の努力と工夫を続けるつもりである。絶大なご支援を心からお
願いする次第である。

　　2019 年 1 月

　　　　　　　　　　　　　　　　　　　　　　　　　髙中正彦

　　　　　　　　　　　　　　　　　　　　　　　　　市川　充

はしがき

　一般の民事訴訟の件数が頭打ち状態になっているのとは対照的に、家事事件は増加の一途であるという。民事訴訟の停滞については、人口減少社会の到来、経済の長期低迷をはじめとする多様な要因が考えられるが、家事事件の増加については、戦後 70 年を経過し、高齢社会・核家族社会・格差社会・ネット社会・多様性社会へのシフトが急速に進む中でわが国の夫婦・家族の在り方・考え方が激変したことが大きく寄与しているものと思われる。

　相続の分野についていえば、戦後の日本国憲法制定を受けてそれまでの家を中心とした相続法制から個人の尊厳に立脚した相続法制に大転換したことを第 1 次改革と位置付ければ、代襲相続の要件整備、特別縁故者への遺産分与制度新設等を行った昭和 37 年改正を第 2 次改革として、配偶者の法定相続分引き上げ、寄与分制度の新設、遺留分の改正等を行った昭和 45 年改正を第 3 次改革として、それぞれ位置づけられる。そして、配偶者の居住権、遺留分侵害額請求、特別寄与料をはじめとして、相続による権利承継の対抗要件、特別受益と寄与分主張の期間制限、遺産分割前の預貯金債権の行使、相続人不存在の整備、自筆証書遺言の方式、遺言執行者の権限等が整備された平成 30 年から令和 3 年にかけての大規模な改正が、第 4 次改革に当たるといってよいであろう。その背景事情を探っていけば、戦後半世紀をかけて形成された伝統的な夫婦観・家族観によって支えられた相続の決まりごとが制度疲労を起こし、新たな価値観・考え方に取って代わられたことに行き当たるのではないかと考えられる。

　「実務の技法シリーズ」では、令和元年 2 月に、高中と吉川が編者となって『相続のチェックポイント』を刊行したが、そのときには時間的な制約から上記の第 4 次改革を盛り込むことができず、そのた

め今では書店の書棚で見かけることも希になっている。しかし、最新の相続制度を解説する書籍が「実務の技法シリーズ」に欠けている状況を放置しておくことは、主たる読者対象である新人・若手弁護士に対して無責任であるとの誹りを免れないと思われる。そこで、私どもは、数度にわたる編集会議を開いて忌憚のない意見交換をした結果、前著『相続のチェックポイント』の改訂版ではなく、相続案件の大半を占める遺産分割事件を新人・若手弁護士が受任したときに知っておかなければならない相続諸制度の実務運用と参考裁判例、調停・訴訟の手続遂行上の留意点や落とし穴、さらには密接に関係しながらも往々にして正確な理解がなされていない相続税の基礎知識に的を絞り、これらをコンパクトに解説する新たなコンセプトの入門書を刊行すべきであるとの意見で一致し、弁護士である髙中と安藤が遺産分割の章を、同じく市川が遺言・遺留分の章を、同じく吉川が調停・訴訟の章をそれぞれ執筆し、相続税法の章については、公認会計士・税理士の宇賀神が執筆をした。ただ、執筆者5名は、それぞれの問題意識に基づいて項目を選定し自らの叙述スタイルで執筆をしたため、編集会議で叙述形式の一貫性を保持するようには努めたものの、形式の統一は完全には実現できず、また、ごく一部の項目については重複した説明が残ってしまった。この点は読者にお詫びしなければならないが、反面では、執筆者の個性が前面に出ていることが本書の特色をなしているのではないかと愚考しているところである。

　なお、弁護士が執筆をした章については、相続に関する調停や訴訟に携わる実務家の圧倒的な支持を受けている片岡武・菅野眞一編著『家庭裁判所における遺産分割・遺留分の実務〔第4版〕』（日本加除出版・2021年）の明快な叙述を随所で引用させていただき、さらに、片岡武・細井仁・飯野治彦『実践調停 遺産分割事件 第2巻』（同社・2020年）、片岡武『遺言執行者の職務と遺言執行の要否』（同社・2021年）、片岡武・村主幸子・日野進司・小坂恵子・川畑晃一『家庭裁判所における財産管理・清算の実務』（同社・2023年）も折に触れて引

用させていただいていることを特に記しておきたい。

　以上のような経過で刊行に至った本書は、『遺産分割のチェックポイント』というタイトルを付したが、新人・若手弁護士が遺産分割案件を受任した際に、まず本書を手に取って実務の運用や参考裁判例をチェックし、さらに過誤を起こしやすい相続税についての基礎知識もチェックしていただけたならば、著者としてはこれに過ぎる喜びはない。

　最後に、本書の編集方針確定と面倒な校正について格別のお世話をいただいた弘文堂第一編集部の中村壮亮氏に深甚なる感謝の意を表したい。中村氏は、本書の編集会議が終わった後の弁護士執筆者の懇親会（呑み会）にも毎回出席いただいたが、今となっては懐かしい思い出である。

　　2024 年 8 月

髙中　　正彦（弁護士）

市川　　　充（弁護士）

安藤　　知史（弁護士）

吉川　　　愛（弁護士）

宇賀神久雄（公認会計士・税理士）

目次 contents

シリーズ刊行にあたって —— i
はしがき —— iii
凡　例 —— xiv
遺産分割のためのブックガイド —— xv

第**1**章 相続人と相続分 —— 1

Ⅰ … 相続人 —————— 2

1 だれが相続人か —— 2
　(1) 相続人の探索はどう行うか（3）／**(2)** 相続人資格が重複したときはどうするか（3）／**(3)** 法定相続情報証明書をどう活用するか（4）／**(4)** 相続欠格となるのはどういう場合か（5）／**(5)** 廃除されるのはどのような場合か（6）

2 相続放棄により離脱するには —— 8
　(1) 熟慮期間の起算点はいつか（9）／**(2)** 法定単純承認となるのはどのような場合か（10）

3 相続人が不分明のときはどうするか —— 12
　(1) 相続人のあることが明らかでないときの意味は（13）／**(2)** 失踪宣告の申立てはどうするか（14）／**(3)** 相続財産清算人の仕事内容は（14）

Ⅱ … 相続分 —————— 18

1 相続分の指定か分割方法の指定か —— 18
　(1) 遺言による相続分の指定の方法は（19）／**(2)** 法定相続分の射程範囲は（20）

2 相続分はどう変動するか —— 21
　(1) 相続分の放棄とは（22）／**(2)** 相続分の譲渡とは（23）

Ⅲ … 特別受益に当たるのは何か ————————— 25

1 遺産前渡しとしての生前贈与とは —— 26
　(1) 学資は特別受益か（26）／**(2)** 生計の資本としての贈与とは（26）／**(3)** 扶養義務に基づく援助と特別受益の分かれ目は（26）

2 遺贈はどう処理されるか —— 27

3 特別受益になるかが争われるものは何か —— 27
　(1) 生命保険金は特別受益か（27）／**(2)** 遺族年金および死亡退職金は特別受益か（28）／**(3)** 借地権の設定は特別受益か（29）／**(4)** 遺産の土地の使用貸借は特別受益か（29）／**(5)** 遺産の建物の無償使用は特別受益か（30）／**(6)** 相続分の譲渡は特別受益になるか（30）

4 特別受益財産確認請求の訴えは可能か —— 30

5 特別受益を受けた者はどの範囲までか —— 31
　(1) 代襲相続の場合はどう考えるか（31）／**(2)** 贈与時は第三者であったがその後推定相

vi 　目　次

続人となった場合は（31）／**(3)** 相続人の配偶者や子が受けた特別の利益は（31）／**(4)** 包括受遺者はどう扱うか（31）／**(5)** 数次相続があった場合の特別受益の取扱いは（32）

6 特別受益の評価はどうするか ── 32
　(1) 評価の基準時は相続開始時（32）／**(2)** 貨幣価値の変動等があったときは（33）

7 特別受益の持戻しとは ── 33
　(1) みなし相続財産と持戻しとは（33）／**(2)** 生前贈与についての持戻し免除の意思表示の方法は（34）／**(3)** 遺贈についての持戻し免除の意思表示の方法は（34）／**(4)** 夫婦間の持戻し免除の推定を受けるには（34）

8 超過特別受益の清算は必要か ── 35

IV … 寄与分が認められるには ──────── 36

1 寄与分を定める申立てをするには ── 37
　(1) 他の相続人と同等の貢献度でもよいか（37）／**(2)** 被相続人に対し財産法上の請求権をもっていてもよいか（37）／**(3)** 包括受遺者は重ねて寄与分を主張できるか（37）／**(4)** 相続人以外の者の貢献を主張できるか（38）／**(5)** 代襲相続人が被代襲者の寄与分を主張できるか（38）

2 寄与分の要件は何か ── 39
　(1) 相続人自身の寄与であること（39）／**(2)** 特別の寄与であること（39）／**(3)** 遺産が維持または増加したこと（39）／**(4)** 寄与行為と遺産の維持増加との間に因果関係があること（39）

3 家業従事型の寄与分が認められるには ── 40
　(1) 通常期待される範囲を超える特別の寄与であること（40）／**(2)** 財産の維持または増加との因果関係があること（40）／**(3)** 被相続人が経営する会社への労務提供は寄与分になるか（40）／**(4)** 寄与分はどう算定するか（40）／**(5)** 確認しておく項目は何か（40）

4 金銭出資型の寄与分が認められるには ── 41
　(1) 通常期待される範囲を超える特別の寄与＋因果関係（41）／**(2)** 被相続人が営む会社への出資は寄与分になるか（42）／**(3)** 要扶養状態にない被相続人への生活費負担は寄与分になるか（42）／**(4)** 寄与分はどう算定するか（42）／**(5)** 確認しておく項目は何か（42）

5 療養看護型の寄与分が認められるには ── 43
　(1) 通常期待される範囲を超える特別の寄与＋因果関係（43）／**(2)** 病気や障害のない被相続人への家事援助は寄与分になるか（44）／**(3)** 入院中の付添看護は寄与分になるか（44）／**(4)** 認知症患者に対する介護は寄与分になるか（44）／**(5)** 被相続人が扶養義務を負う者に対する療養看護は寄与分になるか（44）／**(6)** 寄与分はどう算定するか（45）／**(7)** 確認しておく項目は何か（45）

6 扶養型の寄与分が認められるには ── 46
　(1) 扶養型の寄与分は認められるか（46）／**(2)** 通常期待される範囲を超える特別の寄与＋因果関係（47）／**(3)** 寄与分はどう算定するか（47）／**(4)** 確認しておく項目は何か（47）

7 財産管理型の寄与分が認められるには ── 48
　(1) 通常期待される範囲を超える特別の寄与＋因果関係（48）／**(2)** 被相続人の資産運用は寄与分になるか（49）／**(3)** 寄与分はどう算定するか（49）／**(4)** 確認しておく項目は何か（50）

目　次　vii

8 相続放棄型の寄与分が認められるには —— 50
(1) 寄与分が認められる相続放棄は何か（50）／**(2)** 寄与分はどう算定するか（51）

9 寄与分の算定方法はどうなっているか —— 51
(1) いつまでの寄与か（51）／**(2)** 寄与分の評価時点はいつか（51）／**(3)** 寄与分の算定方法は（52）

V … 具体的相続分はどう算定するか —————— 53

1 具体的相続分の確定手続はどうか —— 53
(1) 具体的相続分の法的性質は何か（53）／**(2)** どういう順序で算定するか（54）／**(3)** 具体的相続分の算定はいつまでできるか（54）

2 特別受益と寄与分をどのように扱うか —— 55
(1) 特別受益者の具体的相続分算定上の注意点は何か（55）／**(2)** 特別受益者と寄与相続人の双方がいるときはどうするか（56）／**(3)** 超過特別受益者の超過額はどう処理するか（56）／**(4)** 超過特別受益は寄与分から差し引くべきか（56）

第2章 相続財産 —— 59

I … 相続財産における原則と例外 —————— 60

1 包括承継 —— 60

2 一身専属権 —— 61
(1) 被相続人が履行することが重視される債務（61）／**(2)** 人格権（61）／**(3)** 人的信頼関係に基づく契約上の権利義務（61）／**(4)** 親族法上の一身専属的地位（61）／**(5)** 団体構成員としての地位（62）

3 契約上の地位の承継における例外 —— 62

II … 遺産分割の対象 ————————— 65

1 預貯金の取扱い —— 65
(1) 預貯金債権は遺産分割の対象となる（65）／**(2)** 判例の射程等（66）／**(3)** 分割方法に関する実務（代償金による調整）（67）／**(4)** 遺産分割前の預貯金の払戻し（67）

2 その他の財産の取扱い —— 70
(1) 生命保険金（70）／**(2)** 株式（71）

◀ コラム ▶ 株式を相続するときに何をするか —— 72
(3) 相続開始後の利息など（73）／**(4)** 死亡退職金（73）／**(5)** 国債（74）／**(6)** 投資信託（75）／**(7)** ゴルフ会員権（76）

◀ コラム ▶ 仮想通貨の相続は容易ではない —— 77

III … 配偶者居住権 ————————— 79

1 配偶者居住権が成立するための要件 —— 79
(1) 相続開始時に当該建物に居住していたこと（79）／**(2)** 建物が被相続人の所有か、被相続人と配偶者との共有に属していたこと（80）

viii 目　次

2 配偶者居住権の取得原因 —— 81
(1) 遺産分割による取得（民 1028 条 1 項 1 号）(81)／**(2)** 遺贈による取得（民 1028 条 1 項 2 号）(82)

3 配偶者居住権の内容・存続期間等 —— 84
(1) 居住建物の使用・収益 (84)／**(2)** 譲渡禁止 (85)／**(3)** 配偶者居住権の登記 (85)／**(4)** 権利の存続期間 (86)

4 配偶者居住権の財産評価等 —— 87
(1) 基本的な考え方 (87)／**(2)** 評価方法をめぐる議論 (88)／**(3)** 簡易な評価方法 (89)

5 配偶者短期居住権 —— 91
(1) 制度の概要 (91)／**(2)** 配偶者短期居住権の内容・性質 (92)／**(3)** 配偶者短期居住権の存続期間等 (92)

◀ コラム ▶ 配偶者が自宅を使い続けたい場合の対応 —— 93

第**3**章 遺言 —— 95

I … 遺言の効力 —————— 96

1 遺言の無効 —— 96
(1) 遺言無能力による遺言無効 (96)

◀ コラム ▶ 遺言はその場で —— 97
(2) 公序良俗に反する遺言 (98)／**(3)** 内容が不明確な遺言 (99)／**(4)** 形式不備の遺言 (99)

2 遺言の撤回 —— 101
(1) 遺言の撤回の方法 (101)／**(2)** 遺言撤回の撤回・取消と旧遺言の復活 (101)

◀ コラム ▶ 遺言信託と遺言代用信託 —— 103

II … 遺言の内容 —————— 105

1 遺贈 —— 105
(1) 遺贈の種類 (105)／**(2)** 遺贈の効力 (106)／**(3)** 遺贈の放棄 (107)／**(4)** 遺贈の無効（受贈者の先行死亡等）(108)

2 相続分の指定 —— 109
(1) 意義・趣旨 (109)／**(2)** 態様と効果 (109)

3 遺産分割方法の指定 —— 113
(1) 意義・趣旨 (113)／**(2)** 指定の態様と権利移転の効力 (113)

4 特定財産承継遺言 —— 113
(1) 第三者対抗要件 (114)／**(2)** 特定財産承継遺言の解釈 (115)／**(3)** 特別受益との関係 (117)

◀ コラム ▶ 遺言の対象事項と死後事務委任 —— 118

5 死因贈与 —— 119
(1) 意義 (119)／**(2)** 遺贈との違い等 (120)

目　次　ix

第**4**章 遺留分 —— 121

I ··· 遺留分制度 —————————— 122

1 遺留分権利者と遺留分割合 —— 122

2 遺留分の放棄 —— 122

II ··· 遺留分侵害額請求 —————————— 124

1 遺留分侵害となる法律行為 —— 124

2 遺留分侵害額請求の方法 —— 124
(1) 意思表示（124）／**(2)** 調停前置（125）／**(3)** 遺言無効の主張と遺留分の主張（125）

III ··· 遺留分侵害額の算定 —————————— 127

1 基礎財産 —— 127
(1) 算定方法（127）／**(2)** 基礎財産の評価の基準時（129）／**(3)** 基礎財産のまとめ
（**Case** の基礎財産の算定方法）（129）

2 遺留分侵害額の算定 —— 130
(1) 算定式（130）／**(2)** 具体例 1（131）／**(3)** 具体例 2（131）

IV ··· 遺留分侵害額請求のその他の問題 —————————— 133

1 遺留分侵害額請求の相手方の負担 —— 133
(1) 受遺者、受贈者の負担の上限（133）／**(2)** 受遺者、受贈者の負担の順序（133）／
(3) 複数の受遺者がいるときの負担割合（133）／**(4)** 具体例：**Case** の場合（133）／
(5) 受遺者等が債務を消滅させた場合の遺留分権利者への消滅請求（134）

2 裁判所による期限の許与 —— 135
(1) 意義と趣旨（135）／**(2)** 方法（135）／**(3)** 効果（135）

3 遺留分侵害額請求の期間の制限 —— 135
(1) 消滅時効（135）／**(2)** 除斥期間（136）

第**5**章 遺産分割方法 —— 139

I ··· 手続選択 —————————— 140

1 遺産分割の手順 —— 140
(1) 調停での段階的進行モデル（140）／**(2)** 手続選択を見据えて遺産分割協議成立の筋
道を立てる（143）

◀コラム▶ 祭祀承継　墓じまい？　子供に託す？　自分の供養は？ —— 148

2 調停手続 —— 149
(1) 遺産調査（149）

◀コラム▶ 相続放棄の追認行為（お父さんの残したギター）—— 152
(2) 資料収集（153）／**(3)** 管轄（154）／**(4)** 委任契約（156）

◀コラム▶ 遺産分割調停の代理人の役割 —— 157

x　　目　次

(5) 遺産分割調停の効力（158）

◀ コラム ▶ 調停待合室のおしゃべり ── 159

3 審判手続 ── 159
(1) 審判手続（160）／**(2)** 審判移行時の調停記録の取扱い（161）

4 訴訟手続 ── 162
(1) 遺言無効確認訴訟（163）／**(2)** 不当利得返還請求訴訟・損害賠償請求訴訟（167）／
(3) 共有物分割訴訟（170）／**(4)** 遺留分侵害額請求訴訟（173）

II … 遺産分割における具体的なゴールの設定方法 ────── 176

1 具体的分割方法 ── 176
(1) 分割方法の種類（177）／**(2)** 配偶者居住権の主張（179）

2 具体的なゴールの設定方法 ── 180
(1) 現物分割によりすべてを相続分に応じて分割する（180）／**(2)** 換価分割によりすべ
てを売却して相続分に応じて与える（181）／**(3)** 長男が株式を、妻が自宅を取得し、マ
ンション2棟を次男、長女が取得し、預金は法定相続分で取得した上、法定相続分を超
えて取得した相続人は代償金を支払う（181）／**(4)** 長男が自宅と株式を、妻が配偶者居
住権を取得し、マンション2棟は売却、預貯金と売却代金について次男、長女が取得
する（181）／**(5)** 配偶者居住権を妻が取得し、自宅については長男、次男、長女の共有、
マンション2棟は次男、長女がそれぞれ取得、株式は長男が取得、預貯金は相続財産の
割合に応じて清算する（182）

III … 遺言執行者 ────── 184

1 近年の相続法改正における遺言執行者の職務の拡大 ── 184
(1) 遺言執行者（184）／**(2)** 第三者対抗要件具備行為（185）／**(3)** 預金の払戻し（185）
／**(4)** 遺贈（185）

2 遺言執行者の法的性格 ── 185
(1) 遺言執行者の法的地位（185）／**(2)** 訴訟における当事者適格（186）

◀ コラム ▶ 相続法改正と遺言執行者の兼併 ── 187

3 遺言の効力が争われている間の遺言執行者としての対応 ── 188
(1) 形式面その他の事情により遺言が無効であることが明らかである場合（188）／**(2)**
相続人間で遺言の効力が争われている場合（188）／**(3)** 遺言執行者が遺言能力に疑義が
あると考えた場合（189）／**(4)** 遺言執行者の辞任（189）

4 遺言の解釈についての対応 ── 189
(1) 遺言の解釈における判例の考え方（189）／**(2)** 具体的検討（190）／**(3)** 判断に迷っ
たときの対応（191）

◀ コラム ▶ 税理士の選び方 ── 193

第6章 相続税 ── 195

I … 相続税と申告手続のあらまし ──────── 196

1 相続税の仕組み概要 ── 196
(1) 相続税の納税義務者（196）／**(2)** 贈与税の納税義務者（196）

目 次 **xi**

2 相続税の申告手続の概要 —— 198
　(1) 課税財産の集計（198）／**(2)** 相続税額（198）
3 相続税申告書の概要 —— 199
　(1) 申告書の提出（199）／**(2)** 修正申告（199）／**(3)** 更正の請求（199）

II … 相続税の計算 —————— 202

1 相続税課税対象の遺産 —— 202
　(1) 相続財産の範囲（202）／**(2)** 控除（202）／**(3)** 相続税率（203）／**(4)** 代償分割の代償金（203）／**(5)** 限定承認の場合（203）／**(6)** 遺留分侵害額請求があった場合（203）
2 遺産の評価 —— 204
　(1) 遺産の評価の原則（204）／**(2)** 特別受益の評価（206）／**(3)** 寄与分の評価（206）／**(4)** 配偶者居住権（208）
3 相続財産から控除できる債務と葬式費用 —— 210
　(1) 債務（210）／**(2)** 葬式費用（211）
4 みなし相続財産 —— 212
　(1) 概要（212）／**(2)** 生命保険金と死亡退職金（212）
5 配偶者の税額軽減 —— 213
　(1) 相続税の軽減（213）／**(2)** 贈与税の軽減（214）
6 相続税の加算と相続人以外の者に対する相続税課税 —— 217
　(1) 相続税の２割加算（217）／**(2)** 相続時精算課税適用者（218）／**(3)** 特別縁故者（218）／**(4)** 特別寄与料（218）／**(5)** 相続分の譲渡（218）

III … 相続税の申告手続 —————— 220

1 期限内申告 —— 220
2 未分割の申告 —— 220
　(1) 法定相続分による申告と納税（220）／**(2)** 特例の適用（221）
3 申告書の読み方 —— 222
4 共同相続人の個別申告の留意点 —— 223
5 準確定申告 —— 223
　(1) 制度の概要（223）／**(2)** 限定承認・相続放棄をした場合（227）
6 相続税と贈与税の関係 —— 227
　(1) 相続税の制度趣旨（227）／**(2)** 贈与税の制度趣旨（227）／**(3)** 両者の関係（228）
7 相続時精算課税制度 —— 229
　(1) 制度の説明（229）／**(2)** 注意点（229）

IV … 相続税の納税 —————— 232

1 納付期限と延納 —— 232
2 物納 —— 232
3 連帯納付義務 —— 233
　(1) 連帯納付義務の発生（233）／**(2)** 連帯納付義務を負わない場合（233）

Ⅴ … 税理士報酬の相場 ——————— 235

　　事項索引 —— 238
　　判例索引 —— 241

目　次　xiii

凡　例

【法令】

本書において法令を示すときは、令和 6 年 9 月 1 日現在のものによっている。なお、かっこ内で参照条文を示すときは、法令名について以下のように略記した。

民	民法	民訴	民事訴訟法
不登	不動産登記法	家事	家事事件手続法
戸籍	戸籍法	著作	著作権法

【判例】

最大判（決）	最高裁判所大法廷判決（決定）	高民	高等裁判所民事判例集
最判（決）	最高裁判所小法廷判決（決定）	東高民	東京高等裁判所民事判
高判（決）	高等裁判所判決（決定）		決時報
地判（決）	地方裁判所判決（決定）	判時	判例時報
家審	家庭裁判所審判	家月	家裁月報
民録	大審院民事判決録	家判	家庭の法と裁判
民集	最高裁判所民事判例集	判タ	判例タイムズ
集民	最高裁判所裁判集民事	労判	労働判例

【文献】

文献の略記については、以下の通りである。

片岡　片岡武・菅野眞一編著『家庭裁判所における遺産分割・遺留分の実務〔第 4 版〕』（日本加除出版・2021 年）

片岡・遺言執行者　片岡武『遺言執行者の職務と遺言執行の要否』（日本加除出版・2021 年）

片岡・財産管理・清算　片岡武・村主幸子・日野進司・川畑晃一小坏恵子『家庭裁判所における財産管理・清算の実務』（日本加除出版・2023 年）

一問一答　堂薗幹一郎・野口宣大『一問一答 新しい相続法〔第 2 版〕』（商事法務・2020 年）

潮見　潮見佳男『詳解 相続法〔第 2 版〕』（弘文堂・2022 年）

実務運用　東京家庭裁判所家事第 5 部編著『東京家庭裁判所家事第 5 部（遺産分割部）における相続法改正を踏まえた新たな実務運用』（日本加除出版・2019 年）

百選 III　大村敦志・沖野眞己編『民法判例百選 III』（有斐閣・2023 年）

遺産分割のためのブックガイド

■ 入門に適した一冊 ■

片岡武・細井仁・飯野治彦
『実践調停 遺産分割事件――物語から読み解く調停進行と実務』
(日本加除出版、2016年)

片岡武・細井仁・飯野治彦
『実践調停 遺産分割事件 第2巻――改正相続法を物語で読み解く』
(日本加除出版、2020年)

受任から調停を経て解決に至るまでの、弁護士と依頼者と裁判所のやりとりを物語調で読み進められる。通読にも時間はかからず、一気に改正法を含めた相続事案に関する相続法および手続の流れの理解を深めることができる。

■ 必ず読むべき一冊 ■

片岡武・管野眞一編著
『家庭裁判所における遺産分割・遺留分の実務〔第4版〕』
(日本加除出版、2021年)

実務本として必携。相続法の解説が網羅されている上、相続法改正後の家庭裁判所における実務の運用についても具体的にケースを利用して解説されている。判例・裁判例の紹介も充実しており、実務家であれば通読して理解を深めることを勧めたい。

東京家庭裁判所家事第5部編著
『東京家庭裁判所家事第5部(遺産分割部)における相続法改正を踏まえた新たな実務運用』
(日本加除出版、2019年)

相続法改正による家庭裁判所の実務の運用について具体的に解説された実務本。新しく創設された預貯金の払戻し制度、配偶者居住権等などの実務運用はもちろん、持ち戻し免除の意思表示、寄与分に関する運用などについても具体的に解説されている必読の一冊。

片岡武
『**遺言執行者の職務と遺言執行の要否**――**改正法を踏まえた実務詳解**』
（日本加除出版、2021 年）

相続法改正により実務の運用が変わった遺言執行者の職務と遺言執行について、裁判例、書式、事例検討を多く含んだ実務本兼解説本。遺言執行者のみならず、遺言を作成する際にも具体的執行を理解しておくための必読の一冊。

■ 手元に置いておくべき一冊 ■

潮見佳男
『**詳解相続法〔第 2 版〕**』
（弘文堂、2023 年）

各論点に CASE が設定されており、実務にも役立つ相続法全体の解説本。CASE は 779 にも及び、事案ごとに調査したい場合やより理解を深めたい場合に該当箇所を調べるために手元に置いておきたい一冊。

田村洋三・小圷眞史編著
『**実務相続関係訴訟〔第 3 版〕**――**遺産分割等の前提問題にかかる民事訴訟実務マニュアル**』
（日本加除出版、2020 年）

相続をめぐるさまざまな類型の訴訟について解説された文献。個別具体的な請求の趣旨や請求の原因、抗弁、立証方法についても詳細に検討がされている。訴訟提起の際に確認すべき一冊。

第 **1** 章

相続人と相続分

第1章 ● 相続人と相続分

Ⅰ…相続人

1 だれが相続人か

　相続人がだれかにつき、民法887条1項、889条1項、890条は、血族相続人と配偶者相続人に限定することとし、血族相続人は、第1順位が子（実子、養子を問わない）、第2順位が直系尊属（実父母、養父母を問わない。ただし、親等の近い者が先）、第3順位が兄弟姉妹（全血、半血を問わない）とする。なお、被相続人より前に相続人が死亡等していたときはその相続人の子（孫）が代襲相続人になるが（民887条2項・3項、889条2項）、これらのことは相続の基礎知識である。そして、被相続人またはその配偶者に胎児がいたときには、すでに生まれたものとみなし（民886条1項）、相続人に加えられることになる。

　ここでは、相続人に関する基礎的事項を解説することは避け、戸籍実務で問題となる事項や裁判実務で問題になる事項に限定して叙述を進めることにしたい。

> ### Case
> 　ノボル弁護士は、知人の紹介により最近父親を亡くしたというXから、父親Aの相続に関する相談を受けた。Xによれば、亡Aは、手広く事業を営んでおり、相当の資産を築いたとのことであるが、女性関係も派手で認知した子Zがいたところ、妻が死亡した後に当該女性と再婚し、Zを養子にしているとのことである。相続人は、X、妹のY、養子のZの3名とのことであるが、婚外子がいるかもしれないといっている。また、養子Zは、中学生の頃からグレはじめ、高校も中退し、亡Aに金の無心を続けていた。
> 　Xは、亡Aの相続人は誰かを確定してほしいといっているが、ノボル弁護士はどうすべきであろうか。

2　第1章　相続人と相続分

(1) 相続人の探索はどう行うか

　胎児を除き、相続人を探索するには、除籍事項全部証明書、戸籍事項全部証明書、除籍謄本、改製原戸籍謄本等を取り寄せ、まずは被相続人の子と配偶者を特定し、そこから順次たどっていくことになる。その際には相続関係図を作成することがほとんど必須の作業となる。代襲相続、再代襲相続、再々代襲相続は、相続関係図も複雑になるが、特段の解釈問題はない。

　戸籍謄本等の取り寄せに関し、裁判手続、登記登録の申請、預貯金の手続等では、被相続人が生まれたときから死亡するまでの連続した戸籍が要求されるので、漏れがないかどうかのチェックを忘れてはならない。弁護士等の法律専門職は、戸籍法や住民基本台帳法により戸籍謄本等の職務上請求をすることができるが、利用目的を明示することが義務付けられる。戸籍法等の要件がないのに虚偽の申請をしたことによって懲戒処分を受けた弁護士が複数いるので、要注意である。なお、弁護士が職務上請求をするには、日本弁護士連合会の統一用紙を使用することが義務付けられている。過去にこの統一用紙を調査事務所（興信所）に譲渡したことによって懲戒処分に処せられた弁護士がいる。その取り扱いには注意をしなければならない。

(2) 相続人資格が重複したときはどうするか

　相続人の資格が重複するのは、養子縁組があった場合である。

　（a）**養子の相続権と孫の代襲相続権が重複したとき**　被相続人の子が死亡し、その孫を養子にした場合、孫は、養子としての相続権と孫としての代襲相続権の2つの相続資格を持つか。2つの相続権を有するというのが戸籍先例（昭和26・9・18民事甲1881号民事局長回答）である。被相続人が孫と養子縁組をしたのは、孫に独立した相続権を与えることが主目的のはずなので、それを否定することはできないからである（片岡108頁）。

　（b）**養子と実子の相続権が重複したとき**　被相続人は、婚外子を養子としたが、さらにその者を遺言で認知した場合、養子と実子の

Ⅰ　相続人　　3

双方の相続権を持つか。養子縁組は、婚外子に嫡出子としての身分を与えるから、遺言認知による非嫡出子としての相続権を与える必要はない。養子としての相続権のみとなる（片岡110頁）。

（ｃ）養子と配偶者の相続権が重複したとき　　直系尊属が被相続人の配偶者を養子とした後に死亡し、さらに被相続人が死亡した場合、被相続人の配偶者は、配偶者としての相続権と養子としての相続権の双方を持つか。配偶者としての相続権しか認められないとするのが戸籍先例（昭和23・8・9民事甲2371号民事局長回答）である。

Check Point

□養子がいるときは、相続資格の重複を点検する。
□相続登記に関係するので、戸籍先例にも注意する。

（3）法定相続情報証明書をどう活用するか

　法定相続情報証明制度は、法務局に対し、相続人が被相続人の相続人の戸籍謄本等および相続関係を一覧に表わした法定相続情報一覧図（相続関係図である）を提出し、登記官からその一覧図に認証文を付した写し（法定相続情報証明書）を交付してもらう制度である。この証明書を活用することにより、相続登記、相続税申告、金融機関の預貯金解約等、年金手続、遺言書の検認、相続の放棄等の手続に戸籍謄本等の束を逐一提出する必要がなくなり、時間とコストを節約できる。

　ただ、数次相続がある事案や相続人以外の者に対する贈与事案等では、戸籍謄本の補充が必要になるし、相続放棄をした相続人や相続欠格事由がある相続人も記載されるので、注意すべきである。

Check Point

□相続人が多数の相続ほど法定相続情報証明書が有用である。

4　　第1章　相続人と相続分

(4) 相続欠格となるのはどういう場合か

（a）相続欠格制度の趣旨　　相続欠格は、相続秩序を破壊する非行を犯した相続人について法律上当然に相続権がないものとする制度であるが（民891条）、被相続人の殺害等に関する事由と遺言書に関する事由に分かれる。

（b）遺言書の破棄・隠匿とは　　実務で多いのは、遺言書の関係であるが、次の判例が参考になる。

▶ 参 考 判 例

①**東京高判昭和45・3・17高民集23巻2号92頁**　自らに遺贈をする旨の遺言書を保管していた相続人が、遺留分減殺請求を受けることを恐れて2年余にわたって遺言書の存在を秘匿していたのは、遺言書の隠匿である。

②**最判昭和56・4・3民集35巻3号431頁**　遺言者の意思を実現するために法形式を整える趣旨で印影のない遺言書に押印をした行為は、遺言書の偽造・変造に当たるが、相続欠格者には当たらない。

③**最判平成6・12・16判時1518号15頁**　公正証書遺言の保管を託された相続人が相続人の1人に対して公正証書遺言の存在を遺産分割協議が成立するまで告げなかった行為は、遺言書の隠匿に当たらない。

④**最判平成9・1・28民集51巻1号184頁・百選Ⅲ110頁**　遺言を破棄または隠匿した場合でも、相続に関して不当な利益を得ることを目的としていなければ（二重の故意）、遺言に関して著しく不当な干渉行為に相続資格喪失という民事上の制裁を科す民法891条5号には当たらない。

（c）欠格事由の存否はどう主張するか　　相続人の1人に遺言書の隠匿の欠格事由があると考えた場合、その対象相続人を被告として相続権不存在確認請求訴訟（相続分不存在確認請求訴訟でも可）を提起してもらい（欠格を主張された相続人からの相続権存在確認請求訴訟もありえる）、判決で欠格事由の存否が判定されることになる。遺産分割調停中であるときは、調停を判決まで休止するわけにもいかないので、取り下げることになる。

Check Point

□遺言書の隠匿に当たると相続資格を失うので、相続人に注意
　を喚起しておく。
□欠格事由の存否は訴訟で決着を付ける。

（5）廃除されるのはどのような場合か

（ａ）廃除制度の目的は何か　　廃除は、遺留分を有する推定相続
人（配偶者、子、直系尊属）に被相続人に対する虐待や侮辱行為あるい
は非行がある場合に、被相続人の意向によってその相続資格を剝奪す
る制度であって（民 892 条、893 条）、遺留分侵害額請求をさせない効
果がある。したがって、法定相続分と異なる相続分の指定または遺産
分割方法の指定をした遺言とセットになっていることが多いといえる。
なお、兄弟姉妹には遺留分がないので、子も直系尊属もいない被相続
人が兄弟姉妹から虐待されても、その兄弟姉妹の相続権を剝奪するこ
とはできない。遺言書を作成し、その中で当該兄弟姉妹には遺産を与
えないようにしておくことが必須となってくる。

（ｂ）虐待と重大な侮辱の例は　　次のような審判例・判例がある
（戦後のものに限定した）。

▶ **参 考 判 例**

①仙台高決昭和 32・2・1 家月 9 巻 3 号 23 頁　経済的に不安のない推定相続人
が、住家の裏小屋に老齢で病床にある被相続人である父と母を住まわせ、生活費もほ
とんど与えず、母に対しては押し倒して加療数か月の傷害を負わせ、父母に対しては
「お前達みたいな者は首をくくって死んでしまえ」と怒鳴ったのは、虐待である。
②岡山家審平成 2・8・10 家月 43 巻 1 号 138 頁　高校中退後自宅に引きこもり
通信販売の代金を被相続人に支払わせ、意見をした被相続人に暴力を振るい、就職後
も会社の横領金、交通違反の反則金、サラ金等の借入金を被相続人に負担させた行為
は、虐待、重大な侮辱、著しい非行である。
③東京高決平成 4・10・14 家月 45 巻 5 号 74 頁　被相続人が後妻に贈与した不
動産を当該後妻の相続の際に被相続人が取得したいと申し出たのにそれを拒否し（当

該推定相続人は後妻と養子縁組）、絶えず被相続人に対して「死ね」等の暴言を吐き続けた行為は、侮辱に当たる。

④**東京高決平成 4・12・11 判時 1448 号 130 頁・百選 III 112 頁**　中学、高校を通じて家出、怠学、不純異性交遊等を繰り返して少年院送致を含む保護処分を受け、さらに暴力団員と同棲し、遂には暴力団幹部と結婚し、その披露宴の招待状を送りつけた行為は、被相続人に精神的苦痛を与え、名誉を毀損したものである。

⑤**和歌山家審平成 16・11・30 家月 58 巻 6 号 57 頁**　被相続人の顔を平手打ちにし、押し倒したうえで首を締め、「精神障害」「人格異常」等と申し向け、さらに無断で 3500 万円超の郵便貯金を払い戻した行為は、虐待・重大な侮辱と著しい非行である。

（c）著しい非行の例は　　次のような審判例・判例がある（戦後のものに限定した）。

▶ **参 考 判 例** ┄┄┄

①**東京高決昭和 24・6・21 家月 1 巻 9 ＝ 10 号 3 頁**　婚姻前から数名の女性と性的関係を持ち 3 人の子をもうけるなどしていた推定相続人が、結婚後も父母や妻子を捨てて雇用していた女性工員と自宅敷地内建物で同棲した行為は、著しい非行に当たる。

②**広島家審昭和 30・9・2 家月 7 巻 10 号 23 頁**　主婦である推定相続人が、夫や子を捨て、実父や夫の復帰の勧告も無視して 3 か月近く妻子ある男性と同棲した行為は、著しい非行に当たる。

③**大阪家審昭和 37・8・31 家月 14 巻 12 号 111 頁**　大学入学後に遊びを覚えて賭け事や酒場の出入りを繰り返し、女遊びの末に退学した後も、就職するといって金をせびり、結婚するといって資金を出させたりした行為は、著しい非行である。

④**福岡家小倉支審昭和 46・9・17 家月 24 巻 10 号 103 頁**　被相続人の不動産に無断で担保を設定して浪費のための資金を借り受け、その借金返済ができなくなった際には、被相続人を旅行に出させ、そのすきに当該不動産を債権者に引き渡してしまった行為は、著しい非行である。

⑤**東京高決平成 23・5・9 家月 63 巻 11 号 60 頁**　10 年近く入院と手術を取り返していたのに海外から年 1 回程度生活費等受け取りのために帰国するだけであった養子である推定相続人が、被相続人から離縁訴訟を提起されると執拗に取下げを迫り、離縁訴訟（応訴）もいたずらに遅延させた行為は、著しい非行に当たる。

I　相続人　　7

（ｄ）廃除の手続は　　廃除を求めるには、生前廃除と遺言廃除とがあるが、後者は、遺言執行者が申立てをする。いずれも家庭裁判所が廃除事由の存否を審理し、廃除が相当かどうかを決定する。被相続人の宥恕、相続人（推定相続人）の改悛も審理の対象になる。

Check Point

□廃除事由である虐待、重大な侮辱、著しい非行は、厳格に区別せずセットで考えられることが多い。
□廃除事由に該当するかどうかは、家族間の信頼関係を破壊する程度に重大なものかどうかで判定する。

2　相続放棄により離脱するには

　相続放棄は、ある１人の相続人（特に長男や家業を承継した人）に遺産を集中させるために行われることが多かったが、その傾向は現在でも認められる。そのほかには、被相続人が債務超過状態にあるとき、すでに資産を形成し遺産取得が不要であるとき、相続人あるいは被相続人に厳しい悪感情があるとき等にも、相続放棄が行われる。

　相続放棄の申述手続は、被相続人の除籍事項証明書と住民票除票および申述人の戸籍事項証明書さえあれば簡単にできる。放棄の申述が受理されると、当該の相続についてはじめから相続人にならなかったものとみなされるので（民939条）、放棄者の直系卑属が代襲相続することもない。

Case

　ノボル弁護士は、Xから、事業の失敗により自殺してしまった父親Aの相続に関する相談を受けた。Xによれば、亡Aは、飲食関係の会社を興し店舗の全国展開をしていたが、競争の激化等によって行き詰まり、会社は破産手続開始申立てをしたが、巨額の連帯保証債務を負担していた亡Aは、自殺してしまったとの

ことである。

　Xは、亡Aには若干の遺産があるが、連帯保証債務額がいくらになるのかが皆目分からないので、相続放棄をしたいといっている。相続人としては、弟と妹が各1人いるが、放棄した後に叔父や叔母には迷惑をかけることのないようにしてもらいたいともいっている。

　ノボル弁護士はどうすべきであろうか。

(1)熟慮期間の起算点はいつか

(a)「相続の開始があったことを知った時」はどう解釈するか

相続放棄は、相続人が「自己のために相続の開始があったことを知った時」から3か月以内に家庭裁判所に対して申述手続をしなければならないが（民915条1項）、第2順位の相続人のそれは、第1順位の相続人全員が相続放棄をしたことを知った時であり、第3順位の相続人のそれは、第2順位の相続人全員が相続放棄をしたことを知った時である。すべての相続人が放棄申述を完了するには、単純計算で3か月×3＝9か月がかかることになる。

▶ 参 考 判 例 ……………………………………………………………………

①**大決大正15・8・3民集5巻679頁**　「自己のために相続の開始があったことを知った時」とは、相続人が相続開始原因たる事実の発生を知り、かつ、そのために自己が相続人になったことを覚知したときである。

②**最判昭和51・7・1家月29巻2号91頁**　相続人が数名いるときは、熟慮期間は個別に進行する。

③**最判昭和63・6・21家月41巻9号101頁・百選Ⅲ166頁**　民法916条は、甲の相続について法定相続人である乙が相続の承認・放棄をしないままに死亡した場合に、乙の再転相続人は、その地位に基づき、甲の相続と乙の相続のそれぞれについて承認・放棄の選択をすることができるとする規定であり、再転相続人は、甲と乙の相続に関して各別に熟慮し、かつ、承認または放棄をすることができる。

④**最判令和元・8・9民集73巻3号293頁**　相続の承認・放棄をしないままに死亡した者の相続人（再転相続人）の熟慮期間は、当該死亡した者が承認・放棄をしなかった相続における相続人としての地位を自己が承継したことを知ったときから起算する。

Ｉ　相続人　　9

（b）相続債務の存在を知らなかったとき　被相続人に多額の債務（特に保証債務）のあることが相続開始後3か月を経過した時点で判明した場合、熟慮期間の経過によってすべて相続放棄ができなくなるわけではない。判例は、次のような要件があれば放棄の申述が可能としている。

▶参考判例

①**最判昭和59・4・27民集38巻6号698頁**　相続人が相続開始原因事実と自己が相続人となった事実を知っていても、被相続人に相続財産が全くないと信じ、かつ、被相続人の生活歴、被相続人との交際状況等から見て、相続財産の有無の調査を期待することが著しく困難な事情があって相続財産がないと信じたことに相当な理由がある場合は、現に相続財産の全部または一部を認識した時または通常これを認識し得べき時から熟慮期間を起算する。

②**名古屋高決平成11・3・31家月51巻9号64頁**　相続人が相続開始時に遺産の一部を認識していても、それが他の相続人に相続され自己が取得する遺産はないと信じ、かつ、そう信じたことに無理からぬ事情があるときは、被相続人の積極財産および消極財産について自己のために相続の開始があったことを知らなかったものとなる。

③**高松高決平成20・3・5家月60巻10号91頁**　相続債務の調査を尽くしたものの債権者の誤った回答で相続債務がないと信じて熟慮期間を経過させた場合に当該錯誤が遺産内容の重要な部分に関するときは、錯誤に陥っていることを認識した時点から熟慮期間は進行する。

Check Point

□熟慮期間経過後に債務の存在を知ったときは、最判昭和59・4・27の要件を吟味する。

□最判昭和59・4・27の要件を一部不要とする判例もあるので、諦めない。

（2）法定単純承認となるのはどのような場合か

（a）相続財産の処分に当たる行為は　3か月の熟慮期間を経過すれば、単純承認とみなされるが、相続債権者は、その前の時点にお

10　第1章　相続人と相続分

ける法定単純承認事由（民921条）の存在を主張し、相続人の固有財産をもって債権の弁済をするように求めることが多い。その場合、外部から覚知することのできる相続財産の処分が主張されることが多いが、些細な処分行為は法定単純承認事由にならないとされている。

▶ 参 考 判 例

①**大判昭和3・7・3新聞2881号6頁**　被相続人所有の衣類3点を処分した場合、それが一般経済価値を有しているから相続財産の処分に当たる。

②**最判昭和37・6・21家月14巻10号100頁**　呉服の行商をしていた被相続人が有していた売掛金の一部を請求して回収した行為は、相続財産の処分に当たる。

③**最判昭和42・4・27民集21巻3号741頁**　法定単純承認となるためには、自己のために相続の開始があった事実を知り、または被相続人死亡の事実を確実に予想しながら相続財産を処分したことを要する。

④**東京高判平成元・3・27高民集42巻1号74頁**　被相続人が有する建物賃借権につき、賃貸人を被告として賃借権確認請求訴訟を提起した行為は、相続財産の処分である。

⑤**東京高決平成12・12・7家月53巻7号124頁**　遺産分割協議書を作成しても、相続財産の一部を被相続人の遺言の趣旨に沿って他の相続人に帰属させるためであったときは、相続財産の処分ではない。

⑥**大阪高決平成14・7・3家月55巻1号82頁**　被相続人の預金の一部を払い戻して仏壇と墓石の購入費に充てた行為は、社会的に見て不相当に高額のものともいえないから、相続財産の処分に当たらない。

　（b）相続財産の隠匿・費消とは　　相続債権者は、相続放棄や限定承認をした後であっても、相続財産の隠匿や費消がなかったかを調べ、その証拠をつかむと、民法921条3号に規定する法定単純承認事由に該当するとして、相続人の固有財産をもって債権の弁済をするように迫ってくることがある。

　隠匿、費消に関する判例は、次のとおりである。

▶ 参 考 判 例

①**東京控判大正11・11・24評論11巻民法1220頁**　相続人が被相続人の臨終の際に使用した夜具布団を他に施与または焼棄したことは、費消に当たらない。

I　相続人

②**大判昭和 12・2・9 判決全集 4 輯 4 号 20 頁** 借地権を相続した相続人が、熟慮期間経過後に借地の賃料を相続財産たる不動産の売買代金で支払ったことは、費消に当たる。

③**最判昭和 61・3・20 民集 40 巻 2 号 450 頁** 3 号の相続財産には相続債務も含まれ、それを弁済すれば費消に当たる。

> ## Check Point
>
> □葬儀費用の支払いに充てるために被相続人の預貯金の一部を解約することは、その金額にもよるが、相続財産の処分に当たる可能性が高い。
>
> □熟慮期間中の相続人には「遺産には一切手を付けるな」と指導する。

3 相続人が不分明のときはどうするか

　被相続人が天涯孤独のまま死亡した場合および被相続人が多額の借金を残したためにすべての相続人が放棄申述をした場合が、相続人が不分明の典型例である。そのような場合、被相続人を看取った老人ホームの運営会社が天涯孤独の人が残した財産の処理をすること、あるいは被相続人に対して債権を有している相続債権者が被相続人が残した遺産に対する強制執行をすること等が必要になってくる。核家族化・少子高齢化などにより孤独老人が増加し、空き家問題に象徴される遺産への無関心等から、相続人不分明の問題はかなり増えている。

> ## Case
>
> 　ノボル弁護士は、アパート経営をしている X から、賃借人の A が亡くなっているのが発見され、身内もいないということで B 市役所が荼毘に付してくれたが、賃貸料を 6 か月分滞納しており、また原状回復工事にもそれなりの費用がかかるのでこれを何とか回収できないかとの相談を受けた。X によれば、B 市役所の担当者の話では亡 A には預貯金が 300 万円ほどあったとのこと

12　第 1 章　相続人と相続分

であり、この預貯金を差し押さえられないだろうかとのことである。

　ノボル弁護士は、とりあえず住民票を手がかりにして戸籍謄本を取り寄せ、相続人を確定したいが、誰もいなかったときは、相続財産清算人選任の申立てをする必要があることを説明したが、具体的にはどうすべきであろうか。

(1)相続人のあることが明らかでないときの意味は

　（a）行方不明の相続人がいたときは　　「相続人のあることが明らかでないとき」（民951条）とは、戸籍を徹底的に調べたものの相続人が発見できないことを意味し、戸籍上相続人が存在するがどこにいるのかがわからない場合は、相続人の行方不明または生死不明の問題である。

▶ **参 考 判 例** ⋯⋯⋯⋯⋯⋯⋯⋯⋯⋯⋯⋯⋯⋯⋯⋯⋯⋯⋯⋯⋯⋯⋯⋯⋯⋯⋯⋯⋯⋯⋯

①**最判平成9・9・12民集51巻8号3887頁**　相続人が1人もいなくとも相続財産全部の包括受遺者がいれば、「相続人のあることが明らかでないとき」に当たらない。

　（b）不在者財産管理人の選任方法は　　行方不明の相続人がいたときには、不在者財産管理人の選任を申し立てる（民25条）。不在者財産管理人は、不在者のために適正に財産管理ができると認められる者が選任される。詳細は、片岡・財産管理・清算2頁以下を参照。

　Ｃ ｈ ｅ ｃ ｋ　Ｐ ｏ ｉ ｎ ｔ

　□すべての相続人につき生きているか死んでいるかがわからないのが相続人の不存在である。

　□少子高齢化の進行と未婚率の増加により相続人不存在は増加することが予想される。

Ⅰ　相続人　　13

（2）失踪宣告の申立てはどうするか

（ａ）7年以上の生死不明の疎明方法は　相続人の生死が7年間不明のときは、失踪宣告の申立てをすることになる（民30条）。行方不明は何らかの音信があっても所在地が不明であればよいのであるが、生死不明は全く音信のない状態が続いていることが必要である。長期間に亘り音信不通の人から突然に手紙が届いたり電話がかかってくれば生死不明ではない。

（ｂ）申立手続はどうするか　最後の住所地（住民票除票に記載された住所）の家庭裁判所が管轄する。添付書類の1つとして、失踪者に関する調査報告書があるが、「近所の山田太郎という人を見たことがありますか」という聴取りでは足りない。「（写真を見せて）この人を見たことがありませんか」という聴取りが必要である。その後に家庭裁判所調査官による最後の音信があった地域等の調査がなされるのが通例である。

Check Point

□失踪宣告の申立てでは失踪者に関する調査方法に留意する。

（3）相続財産清算人の仕事内容は

（ａ）相続債権催告の官報公告と債務弁済　相続財産清算人の仕事内容は、相続債務を含む相続財産の処理である。すなわち、相続財産の目録を作成すること（民953条、27条1項）、家庭裁判所が行う相続財産清算人選任と相続人の権利主張催告の官報公告がなされた6か月後に（民952条2項）、相続債権者と受遺者に対して請求の申出を最低2か月の期間内に行うように求める官報公告をすること（民957条1項）、官報公告に応じて請求の申出をした相続債権者と受遺者に対して弁済をすること（同条2項）である。相続債権者や受遺者も全くいなければ、特別縁故者に対する相続財産の分与（民958条の2）

14　　第1章　相続人と相続分

があるかどうかを見極め、そのような縁故者もいなければ相続財産を国庫に帰属させる手続をする（民959条）。

詳細は、片岡・財産管理・清算132頁以下を参照。

なお、令和3年改正前の案件については、相続財産管理人と呼び、官報公告の回数と方法が異なるので、注意が必要である。

（b）特別縁故者に対する遺産の分与手続は　特別縁故者とは、「被相続人と生計を同じくしていた者」「被相続人の療養看護に努めた者」「その他被相続人と特別の縁故があった者」である（民958条の2）。相続権とは無関係の制度であるから（「相続財産を与える」とされる）、相続放棄をした者でも特別縁故者に当たり得る（広島高岡山支決平成18・7・20家月59巻2号132頁）。しかし、被相続人の生前には特別の縁故関係がないものの、死後に葬儀や祭祀を執り行い、供養を継続し、相続財産清算人選任までの間に相続財産の管理をした者（死後縁故者）については、特別縁故者と認めることができないというのが多数である（松山家審昭和41・5・30家月19巻1号59頁、鹿児島家審昭和45・1・20家月22巻8号78頁、東京高決平成26・1・15判時2274号23頁、東京高決平成27・2・27判タ1431号126頁。これに対し、横浜家審昭和37・10・29家月15巻5号114頁、大阪高決昭和45・6・17家月22巻10号94頁、大阪家審昭和56・4・10家月34巻3号30頁は、特別縁故者と認めている）。

多くの裁判例があるが、代表的なものは、次のとおりである。

▶ 参 考 判 例 ....

［被相続人と生計を同じくしていた者］
①東京家審昭和38・10・7家月16巻3号123頁　30年以上にわたり内縁関係にあった者は、生計を同じくしていた者である。
②千葉家審昭和38・12・9家月16巻5号175頁　20年以上にわたり籍を入れることのできなかった内縁の妻は、生計を同じくしていた者である。
③大阪家審昭和40・3・11家月17巻4号70頁　幼時は実父と信じ、成長後は養父と慕い、20年にわたって生活の苦楽をともにした病弱な事実上の養子は、生計

Ⅰ　相続人　　15

を同じくした者である。

④**大阪家審昭和 41・11・28 家月 19 巻 7 号 96 頁**　戸籍上は叔母であるが、20年にわたって被相続人の家事一切を行い、田畑の耕作も行って生計の一端を担い、病身の被相続人の療養看護に尽くした事実上の養子は、生計を同じくした者である。

[被相続人の療養看護に努めた者]

①**高松高決昭和 48・12・18 家月 26 巻 5 号 88 頁**　戦時中に外地で親しくなり、戦後引き揚げた後も交際していたところ、被相続人の母親の発病後は頻繁に被相続人宅に赴いて同人の看護をし、被相続人が倒れてからは同居して被相続人とその母の看護や身の回りの世話を続けた知人は、療養看護に努めた者に当たる。

②**神戸家審昭和 51・4・24 判時 822 号 17 頁**　付添婦・看護婦として正当な報酬を得ていた者は療養看護に努めた者に当たらないが、報酬以上に献身的に看護に尽力した場合は、特別縁故者に当たる。

[その他特別の縁故のある者]

①**大阪家審昭和 38・12・23 家月 16 巻 5 号 176 頁**　50年以上にわたって被相続人のよき相談相手・助言者として孤独を慰め、経済面でも扶け合い、最後には被相続人の死に水を取った教え子は、特別の縁故がある者である。

②**熊本家審昭和 39・3・31 家月 17 巻 8 号 75 頁**　被相続人が入居していた養老院を運営する町は、特別縁故者である。

③**東京家審昭和 40・8・12 家月 18 巻 1 号 96 頁**　実家の墓が無縁墓にならないように永代供養料を上納したいと希望していたときの被相続人の菩提寺たる宗教法人は、特別縁故者である。

④**大阪家審昭和 41・5・27 家月 19 巻 1 号 55 頁**　高齢の父を抱えて生活苦にあった被相続人を雇用して自宅家屋を買い与え、被相続人が負傷して困窮すると経済的支援を続けた会社経営者は、特別な縁故がある者に当たる。

⑤**大阪高決昭和 46・5・18 家月 24 巻 5 号 47 頁**　特別な縁故のある者とは、生計を同じくしていた者、療養看護に努めた者に該当する者に準ずる程度に被相続人との間に具体的かつ現実的な精神的・物質的に密接な交渉のあった者で、相続財産をその者に分与することが被相続人の意思に合致するであろうとみられる程度に特別の関係にあった者をいう。

⑥**神戸家審昭和 51・4・24 判時 822 号 17 頁**　被相続人が長年にわたって理事長を務め、私財を投じて財政基盤を確立し、指導理念や各種行事にも関与してその発展に努めてきた学校法人は、特別縁故者である。

⑦**松江家審昭和 54・2・21 家月 31 巻 10 号 84 頁**　寮母兼保母として長年勤務し、その施設内で起居もしていた被相続人勤務先の社会福祉法人は、特別縁故者である。

⑧**東京高決平成 27・2・27 判タ 1431 号 126 頁**　特別の縁故があった者とは、被相続人との間で実際に密接な生活上の一体関係や援助関係等が認められることが前

提となっていると解するのが相当である。

　（ｃ）国庫帰属の手続は　　相続財産清算人は、特別縁故者もいないときは、相続財産を国庫（一般収入）に帰属させる手続に進むが、不動産は所轄の財務省財務局長に、それ以外は家庭裁判所に引き渡すことになっている。ただ、不動産については、家庭裁判所の許可を得て換価し、換価代金を家庭裁判所に納入するのが通例である。

▶ 参 考 判 例 ……………………………………………………………………
①最判平成元・11・24 民集 43 巻 10 号 1220 頁・百選 III 116 頁　民法 255 条は、共有者の 1 人が死亡して相続人がないときは、その持分は他の共有者に帰属すると規定しているが、この規定は、955 条の 3 による特別縁故者に対する財産の分与がされないことが確定したときに初めて適用される。

Check Point

□特別縁故者には被相続人が入居していた老人ホーム運営会社
　が含まれる。
□相続財産清算人は特別縁故者を捜索する必要はない。

I　相続人　　17

第1章 ● 相続人と相続分

II…相続分

1 相続分の指定か分割方法の指定か

　相続分のうちの法定相続分（民 900 条、901 条）は、相続に関する最も基礎的な事項であって、代襲相続人の相続分がやや複雑ではあるものの、特に解説する必要はないと思われる。これに対し、遺言による指定相続分については、難しい解釈問題が潜んでいる。

　遺言書を作成する場合、相続人の相続分を指定することができる（民 902 条）とともに遺産分割方法を指定することもできる（民 908 条 1 項）。前者だと、指定された相続分による遺産分割協議が必要になるが、後者だと、「特定の遺産を特定の相続人に単独で承継させようとする趣旨」が明らかである限り、遺産分割協議が不要となる。有名な「相続させる」旨の遺言に関する最判平成 3・4・19 民集 45 巻 4 号 477 頁・百選 III 186 頁は、遺産分割方法の指定に関する上記の考えを明らかにし、何らの行為を要することなく、被相続人の死亡と同時に直ちに当該遺産が当該相続人に相続により承継され、遺言と異なる遺産分割協議はできないものとしている。そして、平成 30 年改正後の民法 1014 条 2 項は、遺産分割方法の指定としての特定の相続財産を共同相続人の 1 人または数人に承継させる旨の遺言を「特定財産承継遺言」と名付け、遺言執行者が単独で登記をはじめとする対抗要件具備行為や預貯金の払戻請求・解約の申入れをすることができると規定するに至っている。特定財産承継遺言については、別に詳述する（113 頁）。

　しかし、特定財産承継遺言が導入されたといっても、現実の遺言はさまざまであり、相続分の指定なのか分割方法の指定なのかが判然としないことがままある。また、分割方法の指定であっても、分割の基

18　　第 1 章　相続人と相続分

本方針を示しただけであって、特定の遺産を特定の相続人に単独で取得させるものかどうかが判然とせず、遺産分割協議が必要なのかどうかも分からないという場合もある。たとえば、後述する Case のような遺言、さらにこれを少しアレンジした「不動産（詳細を明記）は、長男甲に相続させる。不動産以外の預貯金等の動産については、長女乙に4分の1、次男丙に4分の2、孫の丁に4分の1を相続させる」という遺言は、どう解釈すればよいのであろうか。

　遺言者は、血を分けた子どもたちの醜い相続争いを回避すべく遺言書を作成したのに、かえって遺言書解釈の紛争を生んでしまった悲惨な例はかなり存在するのが現実である。遺言書解釈の紛争は、遺言無効確認訴訟と同じく通常の訴訟手続で争われ、上級審に持ち込まれる比率も高く、長期化するのが一般的である。

> **Ｃａｓｅ**
> 　ノボル弁護士は、父親Ａを亡くしたというＸから、遺言書のことで相談したいとの要請を受けた。Ｘによれば、亡Ａは自筆証書遺言を残していたが、「第1条　自宅の土地建物は二男Ｘに相続させる。第2条　土地建物を除く動産は、その10分の4を前妻との間の長男Ｙに、10分の4を長女Ｚに、残りの10分の2は、最後まで私の面倒を見てくれた人にそれぞれ相続させる」というものであり、「動産」という表現でも遺産分割協議が不要になるかを知りたいとのことである。また、遺言の解釈で揉めたくないので、相続人全員の合意のもとに遺言を無視して遺産分割協議をしたいが可能かとのことである。
> 　ノボル弁護士は、この遺言についてどのように対応すべきであろうか。

(1)遺言による相続分の指定の方法は

　（ａ）割合的指定と特定遺産の指定との関係は　「妻には4分の3を、長男と長女には8分の1を相続させる」というように割合で指定する場合が典型例であるが、「不動産は長男に、預貯金は長女にそ

Ⅱ　相続分　　19

れぞれ相続させる」という遺言については、特定の財産を特定の相続人に承継させる趣旨が認められて分割方法の指定と考えられるものの、併せて相続分の指定もなされていると考えられるため、遺産分割協議が必要とされる（片岡121頁）。しかし、見方によっては、遺産分割方法の指定のみであるから遺産分割協議が不要ともいえる。最後は遺言の解釈問題であるが、難しいものがある。

（b）遺産分割方法の指定＝特定財産承継遺言となるのはどのような場合か　　前掲最判平成3・4・19は、遺産の土地がAからHの8つ、相続人が、甲、乙、丙、丁の4名の事案で、「第1遺言＝CからFの土地は、甲一家の相続とする」「第2遺言＝AとBの土地は、甲の相続とする」「第3遺言＝Gの土地は、甲の夫に譲る」「第4遺言＝Hの土地持分は、丁に相続させてください」という4つの自筆証書遺言があったという事案である。すべての末尾が「相続させる」にはなっていないものの、判決結果は、第1遺言は、甲については遺産分割方法の指定、甲の夫については遺贈であるとし、第2遺言は、遺産分割方法の指定であり、第3遺言は、遺贈であり、第4遺言は、遺産分割方法の指定であるとした。

　民法1014条の特定財産承継遺言に該当する遺言とは、どのような文言の遺言なのかは、これからの事案の集積を待つことになろう。

Check Point

□「相続させる」旨の遺言は、一般的には遺産分割方法の指定としての特定財産承継遺言である。
□遺言書の作成を依頼されたときは、特定の財産を特定の相続人に承継させる内容になっているかを確認する。

（2）法定相続分の射程範囲は

（a）法定相続分と異なる相続分の合意は有効か　　いわば合意相

続分というものであるが、遺産分割は、本来相続人が任意に処分することができる遺産に対する相続分を具体化する私的な財産紛争であるから、当然許されることになる。特定の相続人の相続分を0とする合意も有効である。

（b）非嫡出子の相続分差別違憲の大法廷判決の射程範囲は　非嫡出子の法定相続分を嫡出子の2分の1としていた民法旧900条4号は平成25年改正により削除されたが、改正法は平成25年9月5日以降の相続に適用され、それ以前の相続には適用されない。そして、最大決平成25・9・4民集67巻6号1320頁・百選Ⅲ120頁が「嫡出子と非嫡出子の相続分につき差を設けることは、遅くとも平成13年7月当時において……憲法14条1項に反し違憲である」としていることとの関係が問題となってくるが、最判平成26・12・2平26（オ）964号は、平成12年5月時点の改正前900条4号は合憲であるとしている（片岡127頁）。これらからすると、非嫡出子がいる相続では、相続発生時点が平成13（2001）年7月以降の相続かどうかをチェックする必要があることになる。

Check Point

□非嫡出子の相続分差別違憲判決の射程範囲をチェックしておく。

□法定相続分は、昭和55年に改正されているから、それ以前の古い相続には旧法を適用する。

2　相続分はどう変動するか

相続分には指定相続分と法定相続分があるが、いずれも放棄と譲渡により変動する。相続分の譲渡については民法905条に規定があるが、相続分の放棄については、民法に規定がない。しかし、実務では、相続分の放棄と譲渡は、結構行われている。

Case

　ノボル弁護士は、Ｘから、３代にわたって相続登記がされずに放置された土地が市役所の用地買収の対象となったので、どうしたらよいかとの相談を受けた。Ｘによれば、土地の名義は曾祖父となっているところ、曾祖父はかなり前に死亡し、その相続人の子３名も全員が死亡していること、Ｘの父親の祖父とその兄弟姉妹の計４名も全員死亡していること、数次相続の結果現在の相続人は15名に及ぶことが判明している。そして、相続人の中には全く親戚付き合いをしていない人も多いとのことである。

　ノボル弁護士は、まずは戸籍謄本によって相続人を特定することからはじめたが、遺産分割協議書を作成するよりも簡便な方法がないかどうかを模索していたところ、相続分の譲渡証書によれば、かなり簡便に処理ができるのではないかと気がついた。ノボル弁護士は、相続分の譲渡あるいは相続分の放棄について正確な理解をしたいと考えている。

(1)相続分の放棄とは

　（ａ）**相続分放棄の効果は**　　相続分の放棄とは、遺産に対する共有持分権（遺産持分権）を放棄する意思表示であり、民法255条が類推適用されるとするのが実務である（片岡130頁）。そうすると、放棄された相続分は、他の相続人に対して相続分に応じて帰属することになる。

　（ｂ）**相続の放棄との違いは**　　相続の放棄は、はじめから相続人でなかったものとみなされるため（民939条）、相続債務を承継することはないが、相続分の放棄は、相続人としての地位を喪失するものではないので、相続債務を承継してしまうことになる。なお、相続の放棄は、家庭裁判所への申述手続が必要であるが（民938条）、相続分の放棄は、方式のいかんを問わない。ただ、実務では、調停手続中で相続分の放棄をするにつき、本人の署名と実印の押捺、印鑑登録証明書の添付を要求している（片岡129頁）。

Check Point

□相続の放棄と相続分の放棄との法的効果の違いを確認しておく。

□債務の承継問題があるときは、相続分の放棄を選択しない。

(2)相続分の譲渡とは

（a）相続分譲渡の効果は　　民法905条は、遺産分割前に第三者に譲渡された相続分の取戻権を規定しているが、これが相続分の譲渡ができることの根拠規定である。相続分の譲渡は、相続権のない内縁の配偶者を遺産分割協議に関与させるとき、多数の相続人がいるときに遺産分割協議の当事者数を整理するとき、共同相続人の1人にすべての相続分を譲渡して遺産分割協議を省略するとき等に活用されている。

　相続分の譲渡により譲渡人が有した遺産に対する持分割合はそのまま譲受人に移転し、譲受人は、遺産分割手続に関与することができるようになる。その反面で、譲渡人は、遺産分割手続の当事者たり得ないとされる（片岡136頁）。

▶ 参 考 判 例 ⋯⋯⋯⋯⋯⋯⋯⋯⋯⋯⋯⋯⋯⋯⋯⋯⋯⋯⋯⋯⋯⋯⋯⋯⋯⋯⋯

①**最判平成26・2・14民集68巻2号113頁**　自己の相続分全部を譲渡した者は積極財産と消極財産とを包括した遺産全体に対する割合的な持分のすべてを失い、その者との間で遺産分割の前提問題である当該財産の遺産帰属性を確定する必要はないから、遺産確認の訴えの当事者適格を有しない。

②**最判平成30・10・19民集72巻5号900頁・百選Ⅲ130頁**　共同相続人間で相続分の譲渡がされたときは、積極財産と消極財産とを包括した遺産全体に対する譲渡人の割合的な持分が譲受人に移転し、これに伴って個々の相続財産に対する共有持分の移転も生ずるものと解される。

（b）相続分の一部譲渡は認められるか　　一部譲渡を認めれば相続分の切り売りを認めることとなり、相続関係を複雑にさせるという

Ⅱ　相続分　　23

理由から否定する考えがあるが、相続分は遺産全体に対する分数的割合の財産権という性格を持つから、その一部譲渡も認められるというべきである（片岡137頁）。

　なお、相続人は、遺産分割前の共有となっている特定の相続財産に対する持分権を譲渡することもできると考えられるが、この場合、相続分を譲り受けたわけではないので、共有関係を解消するには共有物分割手続（民256条〜258条）になることに注意すべきである（片岡137頁）。

　（c）相続分の放棄・譲渡をした者はどうするか　　相続分の放棄または譲渡をした相続人は、それだけでは調停手続から外れることがない。調停手続から外れるためには、家庭裁判所から排除の決定を受ける必要がある（家事258条1項、43条1項）。なお、当事者には排除の申立権はないので、排除の決定の職権発動を促すことになる。廃除の手続と運用については、片岡144頁以下参照。

Check Point

□相続分の譲渡は、相続人を整理するときには便利である。

□遺産分割調停に行きたくないときは、相続分譲渡による排除決定を受ければよい。

第1章 ● 相続人と相続分

III…特別受益に当たるのは何か

　共同相続人中に被相続人から一定の生前贈与を受けていた者がある
場合、共同相続人間の公平を図るために、その贈与を「相続分の前渡
し」として捉え、計算上当該贈与を相続財産に戻させ（「持戻し」と呼
ぶ）、その上で具体的な相続分を算定することとしているが、これが
特別受益の問題である。特別受益は、被相続人から遺贈（特定遺贈か
包括遺贈かは問わない）を受けた場合にも認められている。

　現実の調停では、相続人間の不平等に敏感な相続人から、ある相続
人が受けた些細な生前贈与でも特別受益に当たると主張されることが
多いが、家庭裁判所は、相続人間の話合いがつかなければ、特別受益
の有無や価額を審判で定めることにしている。

Case

　ノボル弁護士は、顧問先の会社社長から相続問題で悩んでいる
というXの紹介を受け、Xから事情を聞くと、被相続人である
亡父Aはかなりの資産家であったが、医師である長男Yを溺愛
し、同人の医学部の学費はもちろん、診療所開設費用も拠出して
いたとのことである。また、長女Zにも、盛大な結婚式を挙げ
させ、新居のマンション購入費用の大半を出し、さらに孫2人
の幼稚園の費用の全額を出しているとのことである。XがYとZ
に対して「不公平ではないか」と文句を付けると、両名とも、
「父Aは、これは俺の相続のときには一切考慮しなくてもよいと
いっていたから、不公平ではない」と反論しているという。

　ノボル弁護士は、特別受益が大きな争点となっている遺産分割
事件だと感じたが、特別受益について正確な理解をしておく必要
性を強く感じている。

III　特別受益に当たるのは何か　　25

1　遺産前渡しとしての生前贈与とは

(1)学資は特別受益か

　現在高校の進学率は97％を超えており、数十年前の相続でない限り、その入学金や授業料等の学資の支出は、扶養義務の履行と扱われ、特別受益にはならない。大学、海外留学の入学金、授業料等も、私立医科大学のように特別多額でない限り、子の学力・資質に応じた親の扶養義務の履行に基づく支出と考えられる。なお、学資には、下宿代、海外渡航費用は含まれないのが一般である（片岡244頁）。

▶ **参 考 判 例**

①大阪高決平成19・12・6家月60巻9号89頁　相続人が高等教育を受ける中で個人差により公立・私立が分かれ、その費用に差が生じても、親の子に対する扶養の一内容として支出されるものであって、遺産の先渡しの趣旨を含まないのが一般である。

(2)生計の資本としての贈与とは

　生計の資本とは、自立するための資金を意味し、居住用不動産の贈与、居住用不動産取得資金の贈与、独立開業資金の贈与等がこれに当たる。生計の資本かどうかは、贈与の金額、趣旨等を総合的に勘案するが、相続分の前渡しと認められる程度の高額の金銭贈与は、原則として特別受益になる。

　相続人の債務を被相続人が肩代わりして弁済したことが特別受益になるかについては、肩代わりした債務の額、求償権の放棄の有無によって特別受益の該当性が判断される。求償権が放棄されていない限り、贈与はないことになる（片岡247頁）。なお、東京家審平成21・1・30家月62巻9号62頁は、10万円を超える金銭給付はすべて持戻し対象とすると述べているが、1つの実務運用として知っておくべきであろう（片岡246頁）。

(3)扶養義務に基づく援助と特別受益の分かれ目は

　遺産の前渡しと評価できるかが分かれ目になるが、入学祝い、結婚

26　第1章　相続人と相続分

祝い、新築祝いなどは、親として行う一般的な援助と認められる限り特別受益にはならない。また、疾病等の身体的原因によって稼働できない子に金銭的支援をすることも、親としての扶養義務の範囲内とされ、特別受益にはならない（片岡247頁）。

Check Point

□生計の資本とは、自立生活をするための資金という意味である。

□遺産の前渡しといえるかが特別受益になるかどうかのポイントである。

---

2 遺贈はどう処理されるか

　相続人に対する遺贈は、包括遺贈か特定遺贈かを問わず、すべて特別受益になる。したがって、自己の相続分の額から遺贈の額が当然に控除されることになる。なお、特定の財産を特定の相続人に帰属させる趣旨の「相続させる」旨の遺言（特定財産承継遺言）については、受遺者たる相続人に帰属させる遺産が特別受益になる。

3 特別受益になるかが争われるものは何か

(1)生命保険金は特別受益か

　共同相続人の1人が受取人となっている生命保険金は、当該相続人の固有の権利であるから、特別受益にはならない。しかし、保険金受取人たる相続人とその他の共同相続人間に生ずる不公平が民法903条の趣旨に照らして到底是認できないほど著しいと判断すべき特別の事情がある場合は、同条の類推適用により、保険金請求権は特別受益に準じて持戻しの対象になるとするのが判例である。

　なお、持戻しの対象額については、被相続人が支払った保険料の額とする説、保険会社から受け取った保険金の額とする説があるが、保

Ⅲ　特別受益に当たるのは何か　　27

険金額説が通説である。ただし、保険料の一部を相続人が負担していた場合は、保険金額につき、被相続人が負担した保険料の全保険料額に対する割合に相当する額と修正される（片岡252頁）。

▶ 参 考 判 例 ⋯⋯⋯⋯⋯⋯⋯⋯⋯⋯⋯⋯⋯⋯⋯⋯⋯⋯⋯⋯⋯⋯⋯⋯⋯⋯⋯⋯⋯⋯

①**最判昭和40・2・2民集19巻1号1頁**　死亡保険金請求権は、指定された保険金受取人が自己の固有の権利として取得するものであって、保険契約者または被保険者である被相続人から承継するものではない。
②**最判平成14・11・5民集56巻8号2069頁**　死亡保険金請求権は、被保険者たる被相続人死亡時に初めて発生するものであり、保険契約者である被相続人の払い込んだ保険料と等価の関係に立つものではなく、被保険者の稼働能力に代わる給付でもないから、実質的に被相続人の財産に属するものではない。
③**最決平成16・10・29民集58巻7号1979頁・百選Ⅲ124頁**　相続開始時の相続財産総額5958万円に対し保険金額が574万円（9.6％）の場合、特別受益とは認められない。
④**東京高決平成17・10・27家月58巻5号94頁**　相続開始時の相続財産総額1億134万円に対し保険金額1億129万円（99.9％）の場合、特別受益と認められる。
⑤**大阪家堺支審平成18・3・22家月58巻10号84頁**　相続開始時の相続財産総額6963万円に対し保険金額が428万円（6.1％）の場合、特別受益とは認められない。
⑥**名古屋高決平成18・3・27家月58巻10号66頁**　相続開始時の相続財産総額8423万円に対し保険金額5154万円（61.19％）の場合、特別受益と認められる。

（2）遺族年金および死亡退職金は特別受益か

　厚生年金保険法、国家公務員共済組合法等による遺族年金は、被相続人がその掛金を負担するので、生命保険金に類似するが、民法の相続順位とは独立した遺族の生活保障の考え方に基づいて受給者が法定され、その受給額も、受給者の生存その他によって変更されるので、相続財産には当たらず、持戻しの対象とすべきではない。なお、労働者災害補償保険法による遺族補償は、損失補償であって、労働者は何らの拠出をしないから、相続とは関係がない。

　死亡退職金については、労働者の死亡退職と同時にその遺族が使用者に対して取得する労働者の後払い賃金債権と認められる場合は、相

続財産になる。そして、就業規則等において、特定の人（たとえば配偶者）に支払うことが明記されている場合は、死因贈与が成立していると認められ、その特定の人が相続人であれば、特別受益になると考えられる。これに対し、国家公務員の退職手当は、遺族の固有の権利とされ、地方公務員の退職手当も同様の性格となっている（片岡252頁）。詳細は、遺産の範囲に関する73頁。

（3）借地権の設定は特別受益か

被相続人が生前に相続人の1人に対してその有する借地権を譲渡した場合、借地権価格に相当する金銭を支払っていない限り、借地権価格相当額の特別受益となる。また、被相続人がその所有する土地に相続人の1人が建物を建築するために借地権を設定した場合も、借地権設定の対価（権利金）を支払っていない限り、贈与と同視され、特別受益となる（片岡253頁）。

（4）遺産の土地の使用貸借は特別受益か

被相続人の所有する土地に相続人の1人が建物を建て無償で使用していた場合、相続人には使用借権があり、その価格が特別受益になる。使用借権の割合は、底地価格の10％から30％とされるのが一般である（片岡256頁）。

なお、使用借権が設定された土地をその権利者たる相続人が取得する場合は、当該相続人は完全な所有権を取得することになるから、使用借権による減価はしないという裁判例（大阪高決昭和49・9・17家月27巻8号65頁、福岡高決昭和58・2・21家月36巻7号73頁、東京家審昭和61・3・24家月38巻11号110頁）があり、当初から自用地としての更地評価をする裁判所がある。

使用借権が設定された土地についての地代相当額も特別受益に当たるとの考えがあるが、遺産の減少には関係のない地代相当額は特別受益にはならないとするのが実務である（片岡257頁）。

▶ 参 考 判 例

①東京地判平成 15・11・17 判タ 1152 号 241 頁　土地使用による利益は、使用借権から派生はするが、使用借権の価格中に織り込まれているというべきであるから、特別受益としてさらに使用料を加算することはできない。

（5）遺産の建物の無償使用は特別受益か

被相続人所有の建物に相続人の1人が無償で居住していた場合（よくあるのが跡継ぎの長男夫婦が被相続人所有家屋に無償で同居する場合である）、賃料相当額が特別受益になるとする考えがあるが、建物の使用貸借は遺産の前渡しという実質がないこと、建物の使用貸借に独立した経済的価値がないこと、賃料相当額を特別受益とすると過大な金額になってしまうことから、特別受益には当たらないといえる（片岡260 頁）。

（6）相続分の譲渡は特別受益になるか

無償の相続分譲渡は、特別受益になるというのが判例である。

▶ 参 考 判 例

①最判平成 30・10・19 民集 72 巻 5 号 900 頁・百選 III 130 頁　共同相続人間でされた無償による相続分の譲渡は、譲渡にかかる相続分に含まれる積極財産と消極財産の価額等を考慮して算定された相続分に財産的価値があるとはいえない場合を除き、譲渡をした者の相続においては、民法 903 条 1 項の贈与に当たる。

┌─────────────────────────────────

　Check Point

　□生命保険金は一定金額の場合には特別受益になることがある。
　□相続人のために借地権を設定したり土地や建物に使用借権を
　　与えることは、特別受益になる。
　□無償の相続分の譲渡は、特別受益になる。

└─────────────────────────────────

4　特別受益財産確認請求の訴えは可能か

確認の利益を欠き、不適法として却下される。

▶**参 考 判 例** ⋯⋯⋯⋯⋯⋯⋯⋯⋯⋯⋯⋯⋯⋯⋯⋯⋯⋯⋯⋯⋯⋯⋯⋯⋯⋯⋯⋯⋯⋯

①**最判平成7・3・7民集49巻3号893頁**　ある財産が特別受益財産に当たることを確認することは、相続分または遺留分を巡る紛争を直接かつ抜本的に解決することにはならないし、そのような紛争の審判事件または訴訟事件における前提問題として審理判断されるものであるから、同訴訟は確認の利益を欠くものとして不適法である。

5　特別受益を受けた者はどの範囲までか

(1)代襲相続の場合はどう考えるか

　代襲相続人は、被代襲者の得た特別受益をそのまま承継する。したがって、持戻し義務も引き継ぐことになる。被代襲者（たとえば子）が死亡する前に代襲相続人（たとえば孫）が受けた特別受益は、持戻しの対象にはならない。代襲原因（子の死亡）が発生した後に代襲相続人が受けた特別受益は、もちろん持戻しの対象となる。

(2)贈与時は第三者であったがその後推定相続人となった場合は

　被相続人が婚姻前の女性に対して生計の資本としての贈与をし、その後にその女性と婚姻した場合、生前贈与は特別受益となるとするのが多数説である。特別受益者は、被相続人の死亡時に相続人であればよいのであって、受益がいつの時点のものであったかは無関係であるとの考えに基づく。反対説は、贈与と婚姻との間に牽連関係があるときのみ特別受益の問題となるとするが、少数である（片岡264頁）。

(3)相続人の配偶者や子が受けた特別の利益は

　特別受益は、共同相続人に限定されるから、被相続人が相続人の配偶者や子に対して特別な利益を与えても、特別受益の問題とはならない。しかし、実体は相続人に対する贈与であるが、名義のみを配偶者や子にしただけの場合は、例外的に特別受益に該当することがある（片岡265頁）。被相続人の真意がどこにあるかを探究するのがポイントとなる。

(4)包括受遺者はどう扱うか

　相続人以外の第三者に対する包括遺贈は、そもそも持戻しを予定し

ていないのが被相続人の意思と考えられるから、持戻し免除の意思表示があるとして、特別受益にはならないものと扱われる。これに対し、相続人に対する包括遺贈は、特定遺贈と別に考える理由がないから、特別受益として取り扱われる（片岡267頁）。

（5）数次相続があった場合の特別受益の取扱いは

　ある相続が開始し遺産分割協議が始まったものの未了のうちに相続人が死亡して第2次の相続が開始した場合、その第2次被相続人から特別受益を受けた共同相続人がいたら、その特別受益は第1次被相続人の遺産分割手続中で持ち戻す必要がある。

▶ **参 考 判 例**

①**最決平成17・10・11民集59巻8号2243頁**　第1次被相続人の遺産に対して第2次被相続人がその相続分に応じて取得した共有持分権は、実体法上の権利として遺産分割の対象となるから、まず、第1次被相続人の遺産について分割協議を行い、その際に、第2次被相続人から特別受益に当たる贈与を受けた者があるときは、その持戻しをして各共同相続人の具体的相続分を算定する。

Check Point

- □代襲相続が開始する前に代襲相続人が受けた贈与は、特別受益にならない。
- □婚姻前に贈与を受け、その後に婚姻した場合は、特別受益になる。
- □配偶者や子に対する贈与でも、実体が相続人に対する贈与であれば、特別受益になる。
- □相続人に対する遺贈は、特定遺贈か包括遺贈かを問わず、特別受益になる。

6　特別受益の評価はどうするか

（1）評価の基準時は相続開始時か

　遺産分割の遺産評価は遺産分割時とするのが実務であるが、特別受

益の評価時点については相続開始時とするのが実務である。したがって、特別受益が問題となる遺産分割では、相続開始時と遺産分割時（現在時）の2つの時点で評価をする必要があることになる（片岡269頁）。不動産の鑑定をするときには、この2つの時点の評価をする必要がある。

（2）貨幣価値の変動等があったときは

　金銭の贈与があった場合は、貨幣価値の変動を考慮して相続開始時点の評価をする。貨幣価値の変動は、消費者物価指数の変動によって算定する。金銭以外の贈与があった場合は、貨幣価値の変動は考慮しない（片岡271頁）。

　受贈者の行為によって受贈財産が滅失しても（たとえば建物を取り壊しても）相続開始時に原状のままあるものとみなされるが（民904条）、受贈者の行為によらずして受贈財産が滅失したときは（たとえば地震や台風で建物が倒壊したとき）、特別受益はないものとされる。

Check Point

□遺産分割の遺産評価時点は遺産分割時であるが、特別受益の評価時点は相続開始時である。

□金銭の贈与については貨幣価値の変動を考慮するが、それ以外の贈与ではそのような考慮をしない。

7　特別受益の持戻しとは

（1）みなし相続財産と持戻しとは

　共同相続人間の公平を図るため、遺産の前渡しである特別受益としての贈与の額は、相続開始時の積極財産の額に加算し、その加算された「みなし相続財産」を基礎として各共同相続人の具体的相続分を算定するが（民903条1項）、この取扱いを「持戻し」と呼ぶ。なお、遺贈は、持戻しの対象になるが、それは相続開始時の相続財産の中から

Ⅲ　特別受益に当たるのは何か　　33

支弁されるから、相続財産の額には算入しない。

（2）生前贈与についての持戻し免除の意思表示の方法は

被相続人がある相続人に対して生計の資本としての生前贈与をした場合に、持戻しをしなくともよいとの意思表示をしたときは、それに従う（民903条3項）。持戻し免除の意思表示の方式を定めた規定はないので、黙示でもよいのであるが、その認定は、被相続人が特定の相続人に対してその相続分以上に財産を相続させる意思があったと推認させる事情があるかどうかを検討して行う。家業承継のため農地を贈与した場合、生前贈与の見返りに利益を受けている場合、病気療養中の者の生活保障や配偶者の老後生活維持のための贈与の場合、相続人全員に生前贈与をしている場合等は、持戻し免除の意思表示があると認められやすい（片岡275頁）。

（3）遺贈についての持戻し免除の意思表示の方法は

遺贈についての持戻し免除の意思表示は、遺贈が要式行為であることから、同じく遺言でなされる必要があるという見解と遺言の方式に限らず生前の意思表示でもよいとする見解に分かれるが、民法1023条2項は、遺言の撤回につき、遺言と抵触する無方式の生前行為を規定していること、法文上も持戻し免除の意思表示が遺言事項になっていないことにかんがみると、後者が妥当である（片岡273頁）。

（4）夫婦間の持戻し免除の推定を受けるには

民法903条4項は、婚姻期間が長い高齢の夫婦の一方が他方に対して居住用不動産を贈与した場合には、長年の貢献に報いるとともに老後の生活の安定を図る趣旨が認められるため、持戻しの免除の意思表示があったものと推定することにしている。配偶者に対する贈与に関する贈与税特例（相続税法21条の6）と同じ趣旨に出たものである。要件は、①婚姻期間が通算して20年以上の夫婦であること、②居住用不動産の贈与または遺贈がされたことであるが、店舗兼居宅については、当該不動産の構造や使用形態、遺言の趣旨等から居住用かどうかが判断される。居住用不動産の購入資金の贈与は、実質的に居住用

不動産の贈与と認定できる場合が多いとされている（片岡277頁）。

> **Check Point**
>
> □黙示の持戻し免除の意思表示は、被相続人が特定の相続人に
> 　対してその相続分以上に財産を相続させる意思があったかど
> 　うかで認定される。

8　超過特別受益の清算は必要か

　特別受益が指定または法定相続分により計算した相続分を超えてい
たときは、その超過特別受益は返還する必要がない（民903条2項）。
新たに遺産を取得することができなくなるだけのことである。

第1章 ● 相続人と相続分

IV…寄与分が認められるには

　寄与分は、共同相続人中に被相続人の事業に対する労務提供または財産給付、被相続人の療養看護その他により相続財産の維持または増加に特別の寄与をした者がいるときに、相続人間の実質的公平を図るため、その者の寄与した分を相続財産から控除し、当該寄与相続人が相続分とともに受け取るものとした制度である（民904条の2）。具体的相続分を算定するための修正要素であり、実務では、民法904条の2の例示にしたがった家業への従事、家業への金銭出資、被相続人の療養看護、被相続人の扶養、被相続人所有財産の管理等さまざまな形態の特別の寄与が主張されているが、事案の蓄積により、一定の判断基準ができあがっている。片岡299頁は、家業従事型、金銭出資型、療養看護型、扶養型、財産管理型、相続放棄型という分類で実務の取り扱いを詳しく解説しているが、本書も、その解説に依拠する。

Case

　ノボル弁護士は、亡父Aの遺産分割調停において相手方となっているXから、申立人である長男Yが強硬に主張している寄与分について相談を受けた。長男Yは、高校卒業後亡父Aが営んでいた農業の手伝いを始め、結婚後もその妻とともに農業に従事していたが、自分の貢献によって亡父Aは、先祖伝来の農地を守れただけでなく、米作りに固執していた亡父Aに進言して時代に合ったハウス栽培に挑戦することとし、それがヒットしてかなりの遺産を残すことができたと主張しているとのことである。また、亡父Aは、晩年に認知症を発症し、Yとその妻は懸命に自宅介護に務め、介護施設入居に支弁すべき費用を節減しているとも主張しているとのことである。亡Aの相続人としては、Xのほかに長女のZがいるが、Xは、高校卒業後は実家を離れて

36　　第1章　相続人と相続分

サラリーマンをしているし、長女Ｚも、同じように高校卒業後地元で就職し、現在は結婚して家庭をもっているとのことである。

Ｘは、長男Ｙは自分の寄与分は少なくとも遺産全体の５割以上あると主張し、遺産の大半を独り占めしようとしているので、何とかしてほしいといっている。ノボル弁護士は、Ｘの依頼を受けることにしたが、寄与分に関する正確な理解をしておきたいと考えている。

1　寄与分を定める申立てをするには

寄与分を定める申立ては、「寄与分を定める処分の申立て」と名付けるのが例であるが、申立てをする際に留意しておくべき事項を説明すると、次のとおりである。

(1)他の相続人と同等の貢献度でもよいか

寄与分制度は、寄与相続人に本来帰属すべき利益を相続財産に組み入れずに寄与相続人に帰属させるものと考えられるから（身分的財産権説）、申立相続人に対象を絞って相続財産の維持・増加に対する貢献を検討することになる。実務では、他の相続人と同等の貢献度であっても、それに関係なく寄与分を定めている（片岡288頁）。

(2)被相続人に対し財産法上の請求権をもっていてもよいか

被相続人に対する財産法上の請求権があればそれを行使すれば足りるとしてしまうと寄与行為の実現が図れないこと、財産法上の権利行使をさせるのは紛争の一回的解決の要請に反すること、寄与行為の選択方法に関する寄与者の選択権を奪ってしまうことを理由として、寄与分と財産法上の請求権の選択的行使ができるとするのが実務である（片岡289頁）。

(3)包括受遺者は重ねて寄与分を主張できるか

相続人以外の包括受遺者は、相続人と同一の権利義務を有するから（民990条）、寄与分の主張をすることができることになるが、その者の寄与の程度に対応する包括遺贈がされていれば、寄与分は認めない。しかし、多大な寄与があるのに包括遺贈の割合が著しく少ない場

IV　寄与分が認められるには　　37

合は、寄与分が認められることがある（片岡295頁）。

（4）相続人以外の者の貢献を主張できるか

　寄与分は相続人に限って認められるが、相続人以外の親族がした貢献が相続人の寄与と同視できる場合は、履行補助者による寄与と認め、相続人自身の寄与と評価するのが実務である（片岡292頁）。ただし、特別寄与料の制度が導入された現在では、後掲の裁判例がそのまま通用すると見ることはできないであろう。実務も、履行補助者の範囲を制限してくるものと思われる。

▶ 参 考 判 例

①**東京高決平成元・12・28家月42巻8号48頁**　相続人の配偶者ないし母親の寄与が相続人の寄与と同視できる場合には相続人の寄与分として考慮できる。
②**東京高決平成22・9・13家月63巻6号82頁**　相続人の妻が相続人の履行補助者としてした被相続人の入院中の看護やその余の長期の介護は、同居の親族の扶養義務の範囲を超えた貢献と評価できる。

（5）代襲相続人が被代襲者の寄与分を主張できるか

　代襲相続人は、被代襲者に代わってその相続分を受けるものであるから、被代襲者が生きていれば主張できた寄与分も主張できることになる。

Check Point

□寄与分を主張できるのは相続人に限られるが、他の相続人のことは考慮に入れなくともよい。
□相続人の寄与と同視できる相続人の関係者の貢献が寄与分になることがある。

2 寄与分の要件は何か

次の4つの要件を満たさない限り寄与分は認められない。

(1)相続人自身の寄与であること

寄与分は、相続人の具体的相続分を算定する際の修正要素であるから、相続人に限って認められる。親族の貢献が相続人の寄与分として認めれられるのは、相続人の寄与と同視できる場合に限られる。

(2)特別の寄与であること

特別の寄与というためには、被相続人と相続人の身分関係に基づいて通常期待される程度を超えた貢献であることが必要である。夫婦間の協力扶助義務（民752条）、親族間の扶養義務・互助義務（民877条1項）の範囲内と認められる貢献は、その義務の履行であって、特別の寄与には当たらない。

(3)遺産が維持または増加したこと

相続人の行為によって、被相続人の積極財産の増加・消極財産の減少がもたらされ、または積極財産減少・消極財産の増加が阻止できたことが必要である。財産上の効果のない精神的な援助や協力は、寄与分にはなり得ない。

(4)寄与行為と遺産の維持増加との間に因果関係があること

寄与行為と財産上の効果が結びついていることが必要である。寄与行為がなければ相続財産の現実の減少以上の減少があったと認められなければ、寄与分は認められない。

> ## Check Point
>
> □相続人でない者の貢献は、相続人の寄与と同視できる場合に限って寄与分になる。
> □扶養義務の履行と認められる貢献は、寄与分とはならない。
> □財産上の効果がない精神的支援は、寄与分にはならない。

IV　寄与分が認められるには　　39

3　家業従事型の寄与分が認められるには

(1)通常期待される範囲を超える特別の寄与であること

　被相続人の家業（農林魚業、小売業、医師、税理士等）に関し、被相続人との身分関係に基づき通常期待される程度を越えた特別の寄与である必要がある。そのためには、被相続人から受ける給与、生活費が世間一般並みの労務報酬に比較して著しく少ないこと（無償性）、労務提供が一定の期間（おおむね3〜4年）継続していること（継続性）、労務内容が片手間ではなくかなりの負担を要するものであること（専従性）が求められる（片岡318〜319頁）。

(2)財産の維持または増加との因果関係があること

　労務の提供と財産上の効果が結びついている必要がある。

(3)被相続人が経営する会社への労務提供は寄与分になるか

　被相続人の事業に対する労務提供には当たらないから、寄与分は認められない。ただ、会社が実質的に被相続人の個人企業という実体がある場合は、限定的に寄与分が認められる余地がある（片岡319頁）。

(4)寄与分はどう算定するか

　「寄与相続人が得られたであろう給付額×(1−生活費控除割合)×寄与期間」とする。

　寄与相続人が得られたであろう給付額は、通常家業と同種同規模の事業に従事する同年齢層の年間給与額を基準とするが、その際には賃金センサスを参考にする。生活費控除割合は、実費額によるが、それが判明しなければ、交通事故賠償における逸失利益算定基準など一切の事情を考慮して決定することになる（片岡321頁）。

　農業従事型については、農業規模、収支状況、従事の態様と期間、遺産形成の経過、遺産内容等を検討して、「相続財産の総額×寄与相続人が相続財産形成に貢献した割合」で算定することがある（片岡322頁）。

(5)確認しておく項目は何か

　「特別の寄与」の点から、被相続人との身分関係、労務提供の経緯

を、「継続性」の点から、労務提供の時期と期間を、「専従性」の点から、労務の形態と内容を、「無償性」の点から、報酬の有無と有のときの金額を、「因果関係」の点から、労務の提供による財産上の効果をそれぞれ確認する。

寄与分算定の資料については、次の点を確認しておくことになる（片岡324頁）。

①寄与相続人が提供した労務については相続開始時における標準的報酬額を基準とするのが原則となるから、賃金センサスを参考にして同種同規模の事業に従事する同年齢層の給与額を明らかにすること。

②事業の収益性が著しく低いときは同種労働者の平均賃金は採用できないから、確定申告書を参考にして家業の収益性を明らかにすること。

③寄与相続人に対する報酬が生活費の形で家業収入から支弁されているときは、寄与相続人の家計状況を明らかにすること。

④他の相続人も家業を手伝っていたときは、寄与相続人の貢献比率を確定するため、他の相続人の労務提供状況を明らかにすること。

Check Point

□通常期待される範囲を超える寄与でなければ寄与分にならない。

□寄与分は、「寄与相続人が得られたであろう給付額×（1−生活費控除割合）×寄与期間」で算定する。

4　金銭出資型の寄与分が認められるには

(1)通常期待される範囲を超える特別の寄与＋因果関係

小遣い銭程度の少額の給付はもちろん特別の貢献に当たらない。また、無償またはこれに準ずる形態であることが必要である。なお、給

付は１回でもよいから、継続性、専従性は、性質上不要である。

（2）被相続人が営む会社への出資は寄与分になるか

　被相続人の事業に対する労務の提供ではないから、寄与分は認められない。ただ、実質的に被相続人の個人企業に近く、会社への貢献と資産の確保との間に明確な関連性があり、無償性もある場合は、例外的に寄与分が認められることがある（片岡326頁）。

（3）要扶養状態にない被相続人への生活費負担は寄与分になるか

　年金で必要最低限の生活ができる被相続人について生活費を負担する行為は、それによって被相続人の財産を増加させまたは減少させなかったのであれば、扶養型ではなく、金銭出資型の寄与分に当たることになると考えられる（片岡328頁）。

（4）寄与分はどう算定するか

　「給付財産の相続開始時の価額×裁量割合」とする。

　具体的には、次のようになる。裁量割合は、事案ごとに個別判断されるから、寄与分を主張する側は貢献度をしっかり把握しておく必要がある（片岡329頁）。

動産・不動産の贈与	相続開始時の価額×裁量割合
不動産の使用貸借	相続開始時の賃料相当額×使用期間×裁量割合
金銭の贈与	贈与金額×貨幣価値変動率×裁量割合
金銭融資	利息相当額×裁量割合

（5）確認しておく項目は何か

　財産給付の時期・期間、財産の内容、提供の経緯、提供の証拠、被相続人との身分関係、反対給付の有無と有のときの内容、財産給付による財産上の効果、金銭贈与のときは貨幣価値変動率、金銭融資のときは金利等の経済指標を確認しておく。

> **Check Point**
>
> □小遣い銭程度の金銭出資は、寄与分にならない。
>
> □会社とは名ばかりの個人事業であれば、会社に対する金銭出資も寄与分になり得る。
>
> □寄与分は、「給付財産の相続開始時の価額×裁量割合」で算定する。

5 療養看護型の寄与分が認められるには

(1)通常期待される範囲を超える特別の寄与＋因果関係

　特別の寄与とされるためには、被相続人が療養看護を必要とする症状であったことと近親者による療養看護を必要とする状態にあったこと（療養看護の必要性）、療養看護が特別の貢献といえること、療養看護が無報酬またはこれに近い形で行われたこと（無償性）、療養看護が相当期間に及んでいること（継続性。実務では1年以上を必要としていることが多い）、療養看護が片手間ではなくかなりの負担を要するものであること（専従性）が求められる。

　因果関係については、寄与者の療養看護行為によって職業看護人の報酬等の看護費用の支出を免れたことが必要となる。被相続人に精神的安心をもたらしたことでは足りない（片岡331頁）。

　なお、相続人が第三者（たとえばホームヘルパー）に被相続人の療養看護を依頼し、その費用を負担する場合は、金銭出資型として処理される。

　なお、療養看護が「特別な寄与」とされるためには、被相続人が要介護認定において「要介護度2」（日常的な動作や食事、排泄、入浴などで部分的に介助を要する状態であり、厚生労働省の「要介護認定等基準時間」では50分以上70分未満またはこれに相当すると認められる状態とされる）以上であることが1つの目安となっているといえる（片岡337頁）。

IV　寄与分が認められるには　　43

（2）病気や障害のない被相続人への家事援助は寄与分になるか

　療養看護型は、被相続人に認知症や高齢による運動障害等の疾病があることが前提となっているから、病気や障害のない被相続人に対する家事援助は、寄与分として認められることはない。しかし、高齢の被相続人が高齢の配偶者を自宅介護しているために日常の家事ができなくなっていたときに、遠方の相続人が長期間にわたって被相続人宅に出向いて家事全般を行った場合には、寄与分が認められることがありえる（片岡333頁）。

（3）入院中の付添看護は寄与分になるか

　完全看護で入院中の人については、いかに重篤であっても寄与分は認められない。付添看護も、平成9年10月にはすべての医療機関で廃止されたので、いかに献身的看護であっても寄与分として認められることはなくなったというべきである。なお、通院の付添いは、親族として通常期待されることであるから、寄与分とはならない（片岡334頁）。

（4）認知症患者に対する介護は寄与分になるか

　認知症は、記憶や思考などの認知機能が低下して日常生活や社会生活に支障を来す症状であるが、最も多いのが、脳に異常なタンパク質が貯まり脳の神経細胞が減少するアルツハイマー型認知症である。認知症患者に日常的な判断力や理解力がなくなり、徘徊行為の見守りを要する状態になると、介護に準ずる負担として寄与分が認められることになる。しかし、認知症の初期では、自立した生活ができる状態と介護を要する状態が混在する「まだら状態」が出現するところ、その状態では必ずしも療養看護が必要的とはいえないので、寄与分が認められる場合は極めて限定的になる（片岡335頁）。

（5）被相続人が扶養義務を負う者に対する療養看護は寄与分になるか

　被相続人が民法上扶養義務を負う配偶者、未成熟の子、直系血族、兄弟姉妹、家庭裁判所が扶養義務を認めた三親等内の親族が要扶養状態となった場合に、被相続人に代わって相続人が療養看護を行い、ま

たは被相続人が負担すべき看護療養費用を相続人が代わって負担した行為には寄与分が認められる（片岡336頁）。

反対に、民法上の扶養義務を負わない者が要扶養状態になったとき、被相続人自身が要扶養状態にあったときは、寄与分は認められない。

(6) 寄与分はどう算定するか

寄与行為は、誰も見ていない密室状態で行われるのが通常なので、介護記録、介護者の陳述書でその有無と内容を判断することになる。心身の状態については、診断書、カルテ、要介護認定資料、介護日誌、介護サービス領収書等で判定することになる。

寄与分の計算は、次のとおりに行う。

「療養看護報酬相当額（日当）×日数×裁量割合」

実務では、介護保険における7段階に区分された「介護報酬基準」をベースとして、介護サービスの内容や居住地（級地）等を考慮して療養介護報酬を算定し、日数については、デイサービス、ショートステイの利用期間は介護実態がないものと扱う。裁量割合は、0.5から0.8程度が採用され、平均値は0.7前後とされている（片岡343頁）。

(7) 確認しておく項目は何か

療養看護の必要性を証明するためには、被相続人の療養看護時の病状（診断書、カルテ写し、死亡診断書のほか、入院費用明細書、介護品等領収証等を用意する）を確認する。また、被相続人との別居の有無を確認した上で、同居のときは、同居期間・同居中の住居費や生活費の負担状況を、被相続人につき要介護認定の有無を確認し、有のときは要介護度と認定時期を確認しておく。次に、特別の貢献を証明するために、被相続人との身分関係・扶養関係、療養看護を行うに至った経緯を、継続性を証明するために、療養看護の時期と期間を、無償性を証明するために、報酬の有無と有のときの金額を、因果関係を証明するために、療養看護による財産上の効果と介護保険の利用状況をそれぞれ確認する（片岡346頁）。

さらに、寄与分算定で使用する具体的介護料（報酬相当額）を明ら

Ⅳ　寄与分が認められるには　　45

かにするために、介護保険報酬基準額、職業的介護サービスの費用（家政婦報酬等）、現実に支払った介護料領収証を確認する（片岡341頁）。

Check Point

□療養看護が特別な寄与となるには、「要介護度2」以上が1つの目安となる。

□看護の期間としては1年以上を必要とすることが多い。

□完全看護や付添看護では、寄与分は認められない。

□認知症については、徘徊行為の見守りを要する状態になれば、寄与分が認められる。

□認知症初期の「まだら状態」では、寄与分が認められるのは極めて限定的である。

□被相続人が扶養義務を負う者に対する療養看護は寄与分になる。

□寄与分は、「療養看護報酬相当額（日当）×日数×裁量割合」で算定する。

□療養看護報酬額は、介護保険における介護報酬基準を基礎とする。

---

6 扶養型の寄与分が認められるには

(1)扶養型の寄与分は認められるか

　相続人による被相続人の扶養によって相続財産の減少を回避できたという場合に寄与分を主張できるかについては争いがあるが、相続人に他の扶養義務者に対する扶養料の求償をするかそれとも寄与分を主張するかの選択権を認めるというのが多数である（片岡348頁）。なお、扶養型は、被相続人に身体的または経済的に扶養の必要があることが必要であるが、疾病があることは不要である。

（2）通常期待される範囲を超える特別の寄与＋因果関係

特別の寄与とされるのは、相続人に扶養義務がないのに扶養をした場合または扶養義務のある者がその義務の範囲を著しく超えて扶養した場合のいずれかに限られる。また、扶養が無報酬またはこれに準ずる状態でなされたこと（無償性）、扶養が相当期間に及んでいること（継続性）も必要である。

因果関係については、単なる精神的な扶養は寄与分にならないことが指摘できる。

（3）寄与分はどう算定するか

「扶養のために負担した額×裁量割合」とする。

扶養のための負担の例としては、飲食費、被服費、医療費、住居関係費、公租公課等であり、その領収証が証拠になる。しかし、領収証が残されていないことも多く、その場合は厚生労働大臣が定める「生活保護基準」（生活保護手帳に登載されている）または総務省統計局が公表している「家計調査」を参考にして金額を算定することになる。裁量割合については、寄与相続人が扶養義務を負っていた場合にはその義務履行部分を一切の事情を考慮して控除するが、「1－寄与主張者の法定相続分割合」として計算することもあるとのことである（片岡352頁）。

（4）確認しておく項目は何か

扶養の必要性を証明するために、被相続人の扶養時の生活状況と経済状況、必要とした扶養の具体的内容を確認する。なお、同居の場合は、同居に至った事情、同居の期間、同居中の住居費や生活費の負担状況を確認しておく。次に、特別の寄与を証明するためには、被相続人との身分関係・扶養関係、扶養を行うに至った事情と扶養の内容を、継続性を証明するためには、扶養の時期と期間を、無償性を証明するためには、報酬の有無と有のときの金額を、因果関係を証明するために、扶養による財産上の効果をそれぞれ確認しておくことになる。

さらに、寄与分算定で使用する扶養のために負担した費用を明らか

にするために、各種領収証、金銭出納帳、預金通帳、振込金明細書等を確認する必要がある（片岡355頁）。

Check Point

□被相続人の扶養によって相続財産の減少を回避できた場合、他の扶養義務者に対する扶養料の求償をするか、寄与分を主張するかの選択権が認められる。

□寄与分は、「扶養のために負担した額×裁量割合」で算定する。

□負担した実費の領収証がないときは、厚生労働大臣が定める生活保護基準等を参考にする。

7 財産管理型の寄与分が認められるには
(1)通常期待される範囲を超える特別の寄与＋因果関係

　財産管理型とは、被相続人の財産を管理すること、たとえば、賃貸不動産の管理、違法占有者の排除、売買契約締結への関与等によって相続財産の維持形成に貢献したという類型であるが、財産管理の必要性があったこと、特別の貢献であったこと、無償性があったこと、継続性があったことが必要である。

　被相続人が賃貸アパートの管理を管理会社に委ねていれば、相続人による管理の必要性は認められないし、被相続人の自宅の庭の雑草を定期的に刈っていたことも、特別の貢献には当たらない。継続性に関しても、被相続人が入院していた数か月間賃貸物件の管理をしたといっても、寄与分は認められない（片岡356頁）。

▶ 参 考 判 例

①盛岡家審昭和61・4・11家月38巻12号71頁　遺産である建物の営繕費や庭木の手入れ費用を負担したことは、遺産の維持に特別の寄与があったものである。

48　第1章　相続人と相続分

②**長崎家諌早出審昭和62・9・1家月40巻8号77頁**　被相続人所有土地の売却にあたり同土地上建物の借家人の立退き交渉、取壊し、滅失登記を行ない、土地売買契約の締結に努力したことは、特別の寄与に当たる。

③**大阪家審平成6・11・2家月48巻5号75頁**　被相続人が遺産不動産に係る訴訟の一審で敗訴した後、相続人が証拠収集に奔走し、控訴審で逆転勝訴判決を得るに至ったことは、遺産の維持について特別の寄与があったものである。

（2）被相続人の資産運用は寄与分になるか

　相続人が被相続人の資金をもって株式や投資信託で運用し、利益を出したときに、寄与分が認められるかについては、利益は偶然なものであるとして、否定するのが判例である。

▶ **参 考 判 例** ⋯⋯⋯⋯⋯⋯⋯⋯⋯⋯⋯⋯⋯⋯⋯⋯⋯⋯⋯⋯⋯⋯⋯⋯⋯⋯⋯⋯⋯⋯⋯

①**大阪家審平成19・2・26家月59巻8号47頁**　株式、投資信託による資産運用には常に損失のリスクが伴うのに、たまたま利益が生まれたからとして寄与分を主張することは自己に都合のよい面をつまみ食い的に主張するものである。

（3）寄与分はどう算定するか

　（a）財産管理行為自体が寄与行為の場合　「相当な財産管理費用×裁量割合」とする。

　相当な財産管理費用は、当該管理行為を第三者に委託した場合の報酬額を参考にする。管理に要した金銭負担（修繕費、火災保険料、公租公課等）については、現実負担額とする。

　（b）財産管理を第三者に委託した場合　「負担した財産管理費用×裁量割合」とする。

　リフォーム業者の標準工事費用、不動産管理会社の請負報酬額等を参考にするが、裁量割合で調整する。

　（c）財産管理に要する費用を負担した場合　「負担した財産管理費用×裁量割合」とする。

　裁量割合で調整する。

IV　寄与分が認められるには　　**49**

(4) 確認しておく項目は何か

　財産管理の必要性を証明するために、被相続人の財産の状況、必要とした財産管理の具体的内容を確認する。次に、特別の寄与を証明するためには、被相続人との身分関係・扶養関係、財産管理を行うに至った事情と財産管理の内容を、継続性を証明するためには、財産管理の時期と期間を、無償性を証明するためには、報酬の有無と有のときの金額を、因果関係を証明するために、財産管理による財産上の効果を、それぞれ確認する。

　さらに、寄与分算定で使用する財産管理のために要した費用を明らかにするために、財産管理自体が寄与行為であるときは当該行為を第三者に委託した場合の報酬額を確認し、財産管理に要した金銭の出資が寄与行為であるときは各種領収証、金銭出納帳、預金通帳、振込金明細書等で現実の負担額を確認する（片岡 360 頁）。

> ## Check Point
>
> □賃貸不動産の管理、違法占有者の排除、売買契約締結への関与等も、寄与分になり得る。
> □寄与分は、相続人自身が管理した場合、相当な財産管理費用×裁量割合で算定する。

8　相続放棄型の寄与分が認められるには

(1) 寄与分が認められる相続放棄は何か

　相続放棄によって他の相続人の相続分が増えることになるが、それは放棄の反射的効果にすぎない。したがって、相続放棄が寄与分になることは原則としてないことになる。しかし、被相続人が父、相続人が母（妻）と子1人の場合に、母が相続を放棄して子にすべての遺産を相続させたところ、直後に子が死亡して母と子の妻のみが相続人となったとき、母は、先にした相続放棄が寄与分に当たると主張できな

いかという問題はある。先行相続の相続関係、相続放棄の理由、先行相続と後行相続の時間的間隔などを総合的に考慮し、寄与分を認めることがあり得るとされている（片岡300頁）。

（2）寄与分はどう算定するか

極めて限定的に寄与分が認められる場合、次のように算定する。

「相続放棄時の相続分の評価額×貨幣価値変動率×裁量割合」とする。

Check Point

□相続放棄が寄与分になることはないと考えてよい。

□寄与分は、「相続放棄時の相続分の評価額×貨幣価値変動率×裁量割合」で算定する。

9　寄与分の算定方法はどうなっているか

（1）いつまでの寄与か

寄与は、相続開始時までのものに限定され、相続開始後の貢献は寄与分として主張することができない。

▶ 参 考 判 例 ....

①**東京高決昭和57・3・16家月35巻7号55頁**　相続開始後に相続財産を維持または増加させたことに対する貢献は、寄与分として評価すべきではない。

②**大阪高決平成27・10・6判時8号66頁**　遺産に改良を加えても被相続人死亡後のことであるから寄与には当たらない。

（2）寄与分の評価時点はいつか

相続開始時を評価時点とするのが実務・通説である（片岡302頁）。たとえば、相続開始前の金銭給付については、相続開始時点で評価し直しすることになる。

（3）寄与分の算定方法は

　寄与分は、寄与の時期・方法・程度、相続財産の額その他一切の事情を考慮して定められるが、その方法としては、次の3つがある。

　①相続財産全体に占める寄与分の割合を定める方法

　②寄与分に相当する金額を定める方法

　③特定の相続財産をもって寄与分と定める方法

　寄与行為の態様に応じて3つの方法が使い分けられるが、療養看護型の寄与については、②の金額を定める方法が採用されている（片岡303頁）。

Check Point

□相続開始後の寄与は、寄与分にならない。

□寄与分は、相続開始時を評価時点とする。

□寄与分は、割合、金額、特定財産のいずれかで定める。

第1章 ● 相続人と相続分

V…具体的相続分はどう算定するか

　具体的相続分とは、特別受益がある場合にそれを相続財産に持ち戻して得られる「みなし相続財産」を基礎として、各相続人の指定または法定の相続分を乗じて算定される数字上の相続分（片岡363頁は一応の相続分と呼ぶ）から、特別受益者については、その特別受益分を控除して算定される最終的な遺産分配基準を、寄与分がある相続人については、その寄与分の額を加えて算定される最終的な遺産分配基準を、それぞれいう。民法では、具体的相続分という用語は使用されていないが、特別受益と寄与分が主張されている遺産分割案件では、必須の法律知識となる。

Case
　ノボル弁護士は、亡父Aの相続人の1人であるXから、亡父Aの遺産分割調停の相手方手続代理人を依頼されているが、調停では、他の相続人から寄与分を定める処分の調停申立てがなされ、その申立てをした相続人の寄与分が争点になっているが、他方では、特定の相続人に対する特別受益も争点となっている。調停はかなり複雑な様相を呈し、時間もかなり経過しているが、調停委員会では、具体的相続分をそろそろ確定したいといっている。
　ノボル弁護士は、調停委員会の求めに従って具体的相続分を算定しようと考えているが、具体的にどのように算定すべきかを正確に理解しておきたいと思っている。

1　具体的相続分の確定手続はどうか
(1)具体的相続分の法的性質は何か
　具体的相続分の法的性質は、遺産分割手続における分配の基準となる計算上の価額またはその価額が遺産総額に対して占める割合である

V　具体的相続分はどう算定するか　　53

とするのが実務である（片岡364頁）。したがって、実体法上の権利関係ではないから、それの確認を求める訴えは、認められない。

▶ 参 考 判 例

①**最判平成 12・2・24 民集 54 巻 2 号 523 頁**　具体的相続分は、遺産分割審判事件における遺産の分割や遺留分減殺請求に関する訴訟事件における遺留分の確定のための前提問題として審理判断される事項であって、それらの事件を離れてこれらを別個独立に判決によって確認することが紛争の直接かつ抜本的解決のために適切かつ必要ということはできないから、具体的相続分の価額または割合の確認を求める訴えは、確認の利益を欠き不適法である。

（2）どういう順序で算定するか

次のような4段階を経て算定する。

第1ステップ：被相続人が相続開始時に有していた積極財産を相続開始時の評価で確定する。消極財産＝債務は、相続分に応じて相続するから、算入しない。

第2ステップ：特別受益があるときは、相続開始時に現存する相続財産に相続人が受けた贈与を加えて「みなし相続財産」の額を算定し、寄与分があるときは、相続開始時に現存する相続財産から寄与分の額を控除して「みなし相続財産」を算定する。これらは同時に行う。

第3ステップ：「みなし相続財産」について指定または法定の相続分を乗じて各相続人の数字上の相続分を算定し、そこから、特別受益者については特別受益の価額を控除し、寄与相続人については寄与分の価額を加え、最終の具体的相続分を算出する。

第4ステップ：抽象的相続分について遺産分割時での評価をし直し、具体的相続分に基づいて各相続人の現実の取得額または取得分を確定する。

（3）具体的相続分の算定はいつまでできるか

特別受益または寄与分の主張ができる期間を経過してしまえば、具体的相続分の算定は問題にならなくなる。特別受益または寄与分は、

54　第1章　相続人と相続分

相続開始の時から 10 年を経過し、その間に家庭裁判所に遺産分割の請求がなければ、特別受益および寄与分の主張をすることができなくなる（民 904 条の 3）。したがって、この期間が経過するまでは、具体的相続分を算定することができることになる。なお、相続開始から 10 年の期間が満了する 6 か月以内の間に遺産分割の請求をすることができないやむを得ない事由があった場合は、その事由が消滅した時から 6 か月経過前に家庭裁判所に遺産分割の請求をすれば、特別受益および寄与分の主張をすることができるから（同 2 号）、一律に相続開始時から 10 年の期間に限定されるわけではない。

Check Point

□具体的相続分は、相続開始時における積極財産の確定と評価
→ 特別受益の持戻しによる相続財産の算定＋寄与分の控除によるみなし相続財産の確定 → みなし相続財産に相続分を乗じて数字上の相続分を算出 → 特別受益の控除または寄与分の加算の順で算定する。

□相続開始から 10 年を経過すると、具体的相続分を算定する必要はない。

---

2 特別受益と寄与分をどのように扱うか

(1)特別受益者の具体的相続分算定上の注意点は何か

　相続開始時の相続財産の価額は、積極財産のみの価額であり、債務は控除しない。債務は、民法 896 条に基づいて当然に相続人に承継されるからである。また、遺贈の価額は相続財産に戻さない。遺贈の対象財産は相続開始時に相続財産中に存在しており、被相続人の生前に流出していないからである。なお、特別受益は、分割対象の遺産ではないから、遺産の範囲確定には無関係である。

V　具体的相続分はどう算定するか　　55

（2）特別受益者と寄与相続人の双方がいるときはどうするか

　民法903条と同法904条の2を同時に適用するか、先後を付けるかという問題であるが、どちらも遺産分割における相続人間の公平を図る趣旨の規定であるから、同時適用するのが実務・通説である（片岡368頁）。方法は、**1（2）**に記載したとおりである。

（3）超過特別受益者の超過額はどう処理するか

　特別受益である遺贈または贈与の価額が相続分を超える場合、当該特別受益者には相続財産の取得分はないが、その超過額を返還する必要もない。そうすると、返還されない超過特別受益は他の共同相続人が負担しなければならなくなるが、その負担方法については、具体的相続分に応じて超過特別受益者以外の相続人が負担する方法と指定または法定の相続分に応じて負担する方法に分かれる。実務では、いずれの方法も採用されている（片岡370頁）。

（4）超過特別受益は寄与分から差し引くべきか

　法定相続分による計算額が500万円、特別受益の額が700万円、寄与分の額が300万円の相続人がいた場合、特別受益の処理を先行させる方法を採ると、200万円の超過特別受益が発生する。そして、超過特別受益の200万円を寄与分300万円から差し引かない考えによれば300万円が取得額となる。これに対し、超過特別受益を寄与分から差し引く考えによれば、300万円－200万円→100万円となるし、寄与分の処理を先行させる方法を採ると、800万円－700万円→100万円となる。裁判例は、超過特別受益を寄与分から差し引くべきではない（300万円が取得額となる）とする（片岡371頁）。

▶ **参考判例**

①**東京高決平成22・5・20判タ1351号207頁**　寄与分の割合を認定された相続人につき、超過特別受益の存在によって具体的相続分が0になったときに、寄与分の価額から超過特別受益の額を差し引き調整することは、裁判所が認定した寄与分の割合を重ねて修正するに等しいものであるが、その理由は一般的に分かりにくいし、分割の手法としても迂遠さを残すものというべきである。

Check Point

□具体的相続分算定のためには、消極財産（債務）は算入しない。

□特別受益と寄与分は、同格に扱う。

□超過特別受益は、寄与分から差し引くことをしない。

第 **2** 章

相続財産

第2章 ● 相続財産

Ⅰ…相続財産における原則と例外

　相続人は、相続開始の時から、被相続人の財産に属した一切の権利義務を承継する（民896条本文）。したがって、不動産、動産のほか、預貯金などの債権、債務、契約上の地位などの法律関係などがすべて相続財産の範囲に含まれる。しかし、一身専属権や当事者相互の信頼関係を基礎とする契約に基づく契約上の地位などは、例外的に相続財産から除外される。

　また、遺産分割の対象を定める基準時については、これを相続開始時とする考え方と遺産分割時とする考え方とがあるが、実務は遺産分割時とする考え方に拠っている。

1　包括承継

　相続が開始すると、相続人は、被相続人の財産に属した一切の権利義務を承継するのが原則である。これを包括承継という。

　「一切の」権利義務が相続財産となるから、動産、不動産などはもとより、預貯金、売掛金といった債権、貸金債務などの債務のほか、売買契約の売主としての担保責任の負担などさまざまな契約関係に基づく契約上の地位もここに含まれる。しかし、この包括承継には、次に述べるような例外がある。なお、祭祀財産は民法897条の規律に服する。また、遺骨については、祭祀財産に準ずるものとして、祭祀の承継者が所有権を取得するという見解が有力である。

　なお、相続開始後、遺産分割前に相続財産が処分された場合の対応については、第5章**14(2)**を参照されたい。

2 一身専属権

被相続人の財産の中で、「被相続人の一身に専属した」権利義務（一身専属権）は相続財産から除外される（民896条ただし書）。一身専属権の例としては、次のようなものがある。なお、包括・当然承継の例外となる一身専属権には、民法以外の特別法に規定があるものや明文の規定はないがその性質上一身専属権と考えられるものなどさまざまなものがあるので、十分な確認が必要である。

(1)被相続人が履行することが重視される債務

雇用契約に基づく労働者の地位が典型であるが、ある俳優が演劇に関する出演契約を締結している場合における当該俳優の債務などもこれに該当する。

(2)人格権

名誉、プライバシーといった人格権や人格的利益自体は、その性質上一身専属権である。著作者人格権についても一身専属権であるから相続することはできないが（著作59条）、著作者の死後も原則として著作者人格権の侵害となるべき行為をしてはならないとされている（著作60条）。そして、著作者の遺族は、これに違反する行為をする者またはそのおそれのある者に対して行為の差止めなどを請求したり、故意または過失によりそのような行為をした者に対して名誉回復等の措置を請求したりすることができるとされている（著作116条1項）。

(3)人的信頼関係に基づく契約上の権利義務

使用貸借契約における借主の地位（民597条3項）、代理権（民111条1項）、組合契約における組合員の地位（民679条1号）、定期贈与契約上の地位（民552条）、委任契約上の地位（民653条1号）など、契約当事者間における信頼関係を基礎としている契約上の地位は、当事者の死亡により消滅するものが多い。

(4)親族法上の一身専属的地位

扶養請求権や財産分与請求権がこれに該当する。

Ⅰ　相続財産における原則と例外　　61

（5）団体構成員としての地位

これについては、当該団体の性格によって一身専属性の有無が定まるが、たとえば、一般社団法人の社員については、死亡が法定退社事由とされている（一般社団法人及び一般財団法人に関する法律29条3号）。

3　契約上の地位の承継における例外

前記のとおり、契約当事者相互の信頼関係を基礎とする契約については、当事者の死亡によって契約が終了する旨が定められているものが多く、包括承継の例外となっている。

このうち、使用貸借契約については、借主の死亡によって常に終了すると扱うと、死亡した借主と長年同居していた家族等が居住を継続できなくなるなどの問題が生じる事案もある。そのため、借主の死亡によって使用貸借契約が終了するという民法の規定をそのまま適用せず、使用貸借契約の終了を認めないという判断を示した判例があるので注意を要する。

なお、被相続人の配偶者については、配偶者居住権や配偶者短期居住権の制度がある（**III** 参照）。

▶ **参 考 判 例** ···

①**最判平成8・12・17民集50巻10号2778頁**　共同相続人の1人が相続開始前から被相続人の許諾を得て遺産である建物において被相続人と同居してきたときは、特段の事情のない限り、被相続人と右同居の相続人との間において、被相続人が死亡し相続が開始した後も、遺産分割により右建物の所有関係が最終的に確定するまでの間は、引き続き右同居の相続人にこれを無償で使用させる旨の合意があったものと推認されるのであって、被相続人が死亡した場合は、この時から少なくとも遺産分割終了までの間は、被相続人の地位を承継した他の相続人等が貸主となり、右同居の相続人を借主とする右建物の使用貸借契約関係が存続することになるものというべきである。けだし、建物が右同居の相続人の居住の場であり、同人の居住が被相続人の許諾に基づくものであったことからすると、遺産分割までは同居の相続人に建物全部の使用権原を与えて相続開始前と同一の態様における無償による使用を認めることが、被相続人および同居の相続人の通常の意思に合致するといえるからである。
②**最判平成10・2・26民集52巻1号255頁**　共有者は、共有物につき持分に応じた使用をすることができるにとどまり、他の共有者との協議を経ずに当然に共有

物を単独で使用する権原を有するものではない。しかし、共有者間の合意により共有者の1人が共有物を単独で使用する旨を定めた場合には、右合意により単独使用を認められた共有者は、右合意が変更され、または共有関係が解消されるまでの間は、共有物を単独で使用することができ、右使用による利益について他の共有者に対して不当利得返還義務を負わないものと解される。そして、内縁の夫婦がその共有する不動産を居住または共同事業のために共同で使用してきたときは、特段の事情のない限り、両者の間において、その一方が死亡した後は他方が右不動産を単独で使用する旨の合意が成立していたものと推認するのが相当である。けだし、右のような両者の関係および共有不動産の使用状況からすると、一方が死亡した場合に残された内縁の配偶者に共有不動産の全面的な使用権を与えて従前と同一の目的、態様の不動産の無償使用を継続させることが両者の通常の意思に合致するといえるからである。

③**東京地判平成5・9・14判タ870号208頁**　（使用貸借契約は借主の死亡によって効力を失う旨の）規定は、使用貸借が無償契約であることに鑑み、貸主が借主との特別な関係に基づいて貸していると見るべき場合が多いことから、当事者の意思を推定して、借主が死亡してもその相続人への権利の承継をさせないことにしたにすぎないものと解される。そして、土地に関する使用貸借契約がその敷地上の建物を所有することを目的としている場合には、当事者間の個人的要素以上に敷地上の建物所有の目的が重視されるべきであって、特段の事情のない限り、建物所有の用途にしたがってその使用を終えたときに、その返還の時期が到来するものと解するのが相当であるから、借主が死亡したとしても、土地に関する使用貸借契約が当然に終了するということにならないというべきである。

④**東京高判平成13・4・18判時1754号79頁**　（民法が借主の死亡を使用貸借の終了原因としているのは）使用貸借関係が貸主と借主の特別な人的関係に基礎を置くものであることに由来する。しかし、本件のように貸主と借主との間に実親子同然の関係があり、貸主が借主の家族と長年同居してきたような場合、貸主と借主の家族との間には、貸主と借主本人との間と同様の特別な人的関係があるというべきであるから、このような場合に民法599条（改正後の民597条3項）は適用されないものと解するのが相当である。

Check Point

□相続は、包括・当然承継が原則である。

□包括・当然承継の例外となる一身専属権には様々なものがあり、特別法なども含めた確認が必要である。

□契約当事者相互の信頼関係を基礎とする契約については、当事者の死亡によって契約が終了する旨が定められているもの

Ⅰ　相続財産における原則と例外　63

が多くある。

□使用貸借契約については、契約当事者間の合理的意思解釈な
どを踏まえて、借主の死亡による契約終了が認められない例
もある。

第2章 ● 相続財産

II…遺産分割の対象

相続財産（遺産）の範囲と遺産分割の対象となる財産とは一致しない。すなわち、相続の対象となる遺産であっても、遺産分割の対象になるものとならないものとがある。たとえば、売買代金請求権、損害賠償請求権のような多くの金銭債権や貸金債務のような金銭債務は、遺産分割を待つまでもなく、法律上当然に相続分に従って分割され、各共同相続人に帰属すると考えられている。

他方で、遺産から生じた果実や収益などが遺産分割の対象となるかという問題もある。

以下では、預貯金の取扱いなど実務上問題となることが多い財産について、それが遺産分割の対象となるか否かについて検討する。

1 預貯金の取扱い

Case
死亡したAには、相続人は配偶者Bおよび子2人がいる。ノボル弁護士は、Bから相続手続についての相談を受けた。Aの相続財産として銀行の普通預金が900万円あるが、遺産分割の対象となるか。Bは、Aの葬儀・法要の費用として預金の一部を引き出したいと考えているが、それは可能か。

(1)預貯金債権は遺産分割の対象となる

預貯金債権については、金銭債権であることから、可分債権として、相続開始時に当然に相続分に応じて分割されるというのが従来の判例・実務であった。したがって、相続人間で、預貯金債権についても遺産分割の対象にする旨の合意がなければ、遺産分割の対象とはなら

II 遺産分割の対象　　65

なかったが、平成 28 年 12 月 19 日の最高裁大法廷決定により従来の
判例が変更された。同決定は「共同相続された普通預金債権、通常貯
金債権及び定期貯金債権は、いずれも、相続開始と同時に当然に相続
分に応じて分割されることはなく、遺産分割の対象となるものと解す
るのが相当である」と判示している。

　さらに、最高裁は、定期預金債権および定期積金債権についても、
契約上その分割払戻しが制限されているとして、定期貯金債権と同じ
く、いずれも相続開始と同時に当然に相続分に応じて分割されること
はないというべきであると判断している（最判平成 29・4・6 集民 255
号 129 頁）。

　したがって、**Case** の事例でも、A の相続財産である銀行の普通預
金については、3 人の相続人に当然に分割されるのではなく、遺産分
割の対象となる。

（2）判例の射程等

　(1)で述べた平成 28 年の最高裁大法廷決定、平成 29 年の最高裁判
決は、普通預金債権、通常貯金債権、定期預金債権、定期積金債権が
遺産分割の対象となり、相続開始時に当然に相続分に応じて分割され
ることはないと判断したものであるが、これら以外の預貯金について
もその射程は及ぶものと考えられる。

　共同相続された預貯金債権が遺産分割の対象となる論拠としては、
次のようなものが考えられる（潮見 202 頁）。

① 預貯金は、確実かつ簡易に換価することができる点で現金との差
　がなく、具体的な遺産分割の方法を定めるにあたっての調整に資
　する財産である。

② 預貯金債権の相続には、預貯金契約上の地位の承継としての側面
　がある。

③ 普通預金債権や通常貯金債権は、1 個の債権として同一性を保持
　しながら、常にその残高が変動し得るものである。また、定期貯
　金は、分割払戻しが認められないから、共同相続人は共同して全

額の払戻しを求めざるを得ず、単独でこれを行使する余地はない。

なお、平成28年の最高裁決定は、被相続人死亡時に預貯金が「現に」存在する場合における取扱いを示したものである。被相続人の預貯金について、一部の相続人から、たとえば、被相続人と同居していた他の相続人が被相続人に無断で預貯金を引き出していたのではないかなどといった疑義が示され紛争が生じるケースはしばしば見られる。このような「使途不明金」の問題が生じた場合には、相続人間で不当利得返還請求や損害賠償請求が認められるかといった問題となる（第5章 I4(2)参照）が、そうした紛争をどのように処理すべきかという点については、判例の射程外ということになる。

(3)分割方法に関する実務（代償金による調整）

遺産分割調停などでは、預貯金の種類を問わず、1つの口座にかかる預貯金債権については、1人の相続人が取得する形をとり、金額的な過不足を代償金の支払によって調整するという方法が多くとられている。これは、預貯金債権を複数の相続人が準共有した場合には、その後の解約その他の諸手続に手間がかかるという問題があり、また、金額に応じて預貯金債権を分割するのも端数処理などの問題が生じて容易ではないためである。

(4)遺産分割前の預貯金の払戻し

預貯金が相続された場合に、当然には分割されないとすると、遺産分割前は、各相続人が預貯金の全部または一部の払戻しを受けることはできないこととなるが、被相続人の葬儀費用や医療費などの支払いなどに不都合が生じかねない。また、被相続人の財産で生計を維持していた者においては、生活費の捻出が困難になることもあり得る。そのため、①預貯金債権の仮分割の仮処分の制度、②裁判所の判断を経ない預貯金の一部払戻しの制度が設けられている。

Case の事例でも、これらの制度を用いることでBが普通預金の一部を取得して、Aの葬儀費用を支弁することがあり得る。

（a）**①預貯金債権の仮分割の仮処分**　　遺産の分割の審判または

II 遺産分割の対象　　67

調停の申立てがあった場合において、相続財産に属する債務の弁済、相続人の生活費の支弁その他の事情により、遺産に属する預貯金債権を相続人が行使する必要があると認めるときは、相続人の申立てにより、他の共同相続人の利益を害しない限り、遺産に属する特定の預貯金債権の全部または一部を申立人に仮に取得させることができるというものである（家事200条3項）。

　これは、預貯金債権の仮分割について、家事事件手続法200条2項の要件を緩和したものである。

　なお、これによって特定の相続人が預貯金債権の全部または一部について払戻しを受けたとしても、遺産分割においてはそれは考慮されず、あらためて仮分割された預貯金債権を含めて遺産分割がなされることになる。

　（b）②家庭裁判所の判断を経ない預貯金の一部払戻し　各共同相続人は、遺産に属する預貯金債権のうち、その相続開始の時の債権額の3分の1に当該相続人の法定相続分を乗じた額については、他の共同相続人の同意がなくても単独で払戻しをすることができる（民909条の2前段）。ただし、同一の金融機関からの払戻しは、法務省令で150万円が上限とされている（同一の金融機関に複数の口座がある場合は、合算して150万円が上限となる）。

　この制度に基づいて相続人が預貯金の一部を取得した場合、その者が一部分割により当該預貯金債権を取得したものとみなされる（民909条の2後段）。仮に、当該相続人の具体的相続分を超える預貯金の払戻しがされた場合には、代償金によって精算をすることとなる。

　Caseの事例では、900万円の3分の1である300万円にBの法定相続分である2分の1を乗じた150万円の払戻しを受けることが可能となる。

　なお、この計算にあたって基準となるのは、「相続開始の時の」預貯金債権の額である。したがって、相続人の一部が、被相続人が死亡したことを秘して預貯金を引き出していたような場合であっても、基

68　　第2章　相続財産

準となる金額には影響がない。

▶ 参 考 判 例 ··

①**最大決平成28・12・19民集70巻8号2121頁** （普通預金および通常貯金について）預金者が死亡することにより、普通預金債権および通常貯金債権は共同相続人全員に帰属するに至るところ、その帰属の態様について検討すると、上記各債権は、口座において管理されており、預貯金契約上の地位を準共有する共同相続人が全員で預貯金契約を解約しない限り、同一性を保持しながら常にその残高が変動し得るものとして存在し、各共同相続人に確定額の債権として分割されることはないと解される。

（定期貯金について）定期貯金についても、定期郵便貯金と同様の趣旨で、契約上その分割払戻しが制限されているものと解される。そして、定期貯金の利率が通常貯金のそれよりも高いことは公知の事実であるところ、上記の制限は、預入期間内には払戻しをしないという条件とともに定期貯金の利率が高いことの前提となっており、単なる特約ではなく定期貯金契約の要素というべきである。しかるに、定期貯金債権が相続により分割されると解すると、それに応じた利子を含めた債権額の計算が必要になる事態を生じかねず、定期貯金に係る事務の定型化、簡素化を図るという趣旨に反する。他方、仮に同債権が相続により分割されると解したとしても、同債権には上記の制限がある以上、共同相続人は共同して全額の払戻しを求めざるを得ず、単独でこれを行使する余地はないのであるから、そのように解する意義は乏しい。

②**最判平成29・4・6集民255号129頁** 定期預金については、預入れ1口ごとに1個の預金契約が成立し、預金者は解約をしない限り払戻しをすることができないのであり、契約上その分割払戻しが制限されているものといえる。そして、定期預金の利率が普通預金のそれよりも高いことは公知の事実であるところ、上記の制限は、一定期間内には払戻しをしないという条件とともに定期預金の利率が高いことの前提となっており、単なる特約ではなく定期預金契約の要素というべきである。他方、仮に定期預金債権が相続により分割されると解したとしても、同債権には上記の制限がある以上、共同相続人は共同して払戻しを求めざるを得ず、単独でこれを行使する余地はないのであるから、そのように解する意義は乏しい（参考判例①参照）。この理は、積金者が解約をしない限り給付金の支払を受けることができない定期積金についても異ならないと解される。

したがって、共同相続された定期預金債権および定期積金債権は、いずれも、相続開始と同時に当然に相続分に応じて分割されることはないものというべきである。

Check Point

□平成28年の最高裁大法廷決定と、それを踏まえた実務の運

Ⅱ 遺産分割の対象　　69

用を正しく把握する。

□実務では、1 人の相続人が 1 つの預貯金債権をすべて相続し、金額の過不足は代償金の支払いによって調整する例が多い。

□相続人が遺産分割前に預貯金の一部を取得する必要があるときは、預貯金債権の仮分割の仮処分、家庭裁判所の判断を経ない預貯金の一部払戻しの制度を利用することが考えられる。

2 その他の財産の取扱い

(1)生命保険金

　生命保険金は、受取人が指定されている場合には当該指定に基づき、受取人の指定がない場合には保険約款に基づき（被保険者の相続人が保険金受取人となる旨などが定められている例が多い）、いずれも保険金の受取人の固有財産となるから、相続財産を構成しない（最判昭和40・2・2民集19巻1号1頁）。

　相続人のうちの1人が保険金受取人として指定されていた場合、当該保険金が遺産分割の対象とならないことについて、他の相続人から不公平ではないかといった疑義が呈されることもあるが、保険金受取人として指定された者が固有の権利として保険金請求権を取得するので、遺産分割の対象とはならない。ただし、保険金の額、保険金の額の遺産総額に対する比率、保険金受取人である相続人および他の相続人と被相続人との関係などによっては、特別受益に準じて持戻しの対象となることがある（最決平成16・10・29民集58巻7号1979頁）。

▶ 参 考 判 例

①**最判昭和40・2・2民集19巻1号1頁**　保険金受取人としてその請求権発生当時の相続人たるべき個人を特に指定した場合には、当該請求権は、本件契約の効力発生と同時に相続人の固有財産となり、被保険者（兼保険契約者）の遺産より離脱しているものといわなければならない。

②**最決平成16・10・29民集58巻7号1979頁**　養老保険契約に基づき保険金

受取人とされた相続人が取得する死亡保険金請求権またはこれを行使して取得した死亡保険金は、民法903条1項に規定する遺贈または贈与に係る財産には当たらないと解するのが相当である。もっとも、上記死亡保険金請求権の取得のための費用である保険料は、被相続人が生前保険者に支払ったものであり、保険契約者である被相続人の死亡により保険金受取人である相続人に死亡保険金請求権が発生することなどにかんがみると、保険金受取人である相続人とその他の共同相続人との間に生ずる不公平が民法903条1項の趣旨に照らし到底是認することができないほどに著しいものであると評価すべき特段の事情が存する場合には、同条の類推適用により、当該死亡保険金請求権は特別受益に準じて持戻しの対象となると解するのが相当である。上記特段の事情の有無については、保険金の額、この額の遺産の総額に対する比率のほか、同居の有無、被相続人の介護等に対する貢献の度合いなどの保険金受取人である相続人および他の共同相続人と被相続人との関係、各相続人の生活実態等の諸般の事情を総合考慮して判断すべきである。

（2）株式

株式は、遺産分割がなされるまで共同相続人による準共有となる。判例も、株主は、株主たる地位に基づいて、剰余金の配当を受ける権利（会社105条1項1号）、残余財産の分配を受ける権利（同項2号）などのいわゆる自益権と、株主総会における議決権（同項3号）などのいわゆる共益権を有するという株式の権利の内容や性質に照らして、「共同相続された株式は相続開始と同時に当然に相続分に応じて分割されることはない」としている（最判平成26・2・25民集68巻2号173頁）。

また、持分会社では、定款に別段の定めがない限りは、社員は死亡によって退社し、その地位は相続人には承継されない（会社607条1項3号）。なお、その持分の払戻請求権については相続の対象となるが、これについても定款に別段の定めが置かれている場合があるので注意を要する。

▶ **参 考 判 例** ··

①**最判平成26・2・25民集68巻2号173頁**　株式は、株主たる資格において会社に対して有する法律上の地位を意味し、株主は、株主たる地位に基づいて、剰余金の配当を受ける権利（会社105条1項1号）、残余財産の分配を受ける権利（同項

2号）などのいわゆる自益権と、株主総会における議決権（同項3号）などのいわゆる共益権とを有するのであって（最大判昭和45・7・15民集24巻7号804頁参照）、このような株式に含まれる権利の内容および性質に照らせば、共同相続された株式は、相続開始と同時に当然に相続分に応じて分割されることはないものというべきである（最判昭和45・1・22民集24巻1号1頁等参照）。

◀ コラム ▶ 株式を相続するときに何をするか

　ひと口に「株式を相続する」と言っても、その株式が上場株式か非上場株式かによって手続は大きく異なります。さらに非上場株式の場合は、その評価自体が必ずしも容易ではない場合があります。

　上場株式であれば、被相続人が口座を開設していた証券会社に連絡をし、手続に必要な書類を揃えて名義変更の手続を行うことになりますし、証券会社が分からないという場合には、証券保管振替機構に対して所定の手続をとると被相続人が取引をしていた証券会社に関する情報を開示してもらうことができます。上場株式を相続人名義にしたら、相続人名義の証券会社の口座に振り替えてもらうことになりますから、相続人がそのための口座を持っていない場合には、開設する必要があります。

　なお、被相続人が NISA 口座で株式を保有していた場合、相続した相続人が自身の NISA 口座に当該株式を受け入れることはできません。NISA による非課税措置は相続人には引き継がれないことになります。また、相続人が相続した株式を売却した場合、被相続人が通常の口座で保有していた株式であれば、取得日は被相続人が当該株式を取得した日となり、取得価額もその時の価額となりますが、被相続人が NISA 口座で保有していた株式については、相続が発生した日が取得日となり、取得価額もその日の終値とされます。

　非上場株式を相続した場合には、名義書換等の手続について発行会社に問い合わせるのが一般的ですが、定款において、会社が相続人に対して株式の売渡を請求できる旨を定めている場合があり、その場合には、会社から株式の売渡を請求されることになります。な

お、この場合の価格について、当事者間で合意することができない場合には、会社または相続人が、裁判所に対して売買価格の決定の申立てをすることができます。この申立てができるのは、売渡請求があった日から 20 日以内とされていますので注意が必要です。

[安藤知史]

（3）相続開始後の利息など

相続開始から遺産分割までの間に、相続財産を構成している財産から生じた収益等の帰属も問題となる。具体的には、賃貸不動産にかかる賃料、預貯金等から生じる利息、株式などから生じる配当金などである。

賃貸不動産にかかる賃料債権について、判例は、遺産は遺産分割までの間は共同相続人の共有に属するものであるとして、「この間に遺産である賃貸不動産を使用管理した結果生ずる金銭債権たる賃料債権は、遺産とは別個の財産というべきであって、各共同相続人がその相続分に応じて分割単独債権として確定的に取得するものと解するのが相当である」（最判平成 17・9・8 民集 59 巻 7 号 1931 頁）としている。また、この判例では、各共同相続人がその相続分に応じて分割単独債権として確定的に取得した賃料債権の帰属は、後に行われた遺産分割の影響を受けないとされており、利息や配当金なども、これと同様に考えることができる。

なお、実務上は、これらの財産についても相続人全員が遺産分割の対象に含めることを合意している場合には、遺産分割の対象として処理されている。

（4）死亡退職金

死亡退職金が相続財産に含まれるかどうかについては、実務上は、当該退職金の支給に関する規程の有無やその内容、支給に関する慣行や経緯等を勘案して、事案に応じて取扱いが定められている。

すなわち、死亡退職金と一口に言っても、その性質は、被相続人の

賃金の後払い的なものから、遺族の生活保障まで様々なものがあり、一律に相続財産性を定めることはできないのであって、当該退職金の支給に関する規程等を確認する必要がある。

なお、国家公務員の死亡退職手当の場合には、国家公務員退職手当法の規定から、もっぱら遺族の生活保障を目的として支給されるものと解されているため、相続財産には含まれないと考えられる。

▶ **参 考 判 例**

①**最判昭和58・10・14判時1124号186頁**　滋賀県学校職員退職手当支給条例2条、滋賀県職員退職手当条例2条、11条は、被上告人の職員に関する死亡退職手当の支給、受給権者の範囲および順位を定めているのであるが、右規定によると、死亡退職手当は遺族に支給するものとし、支給を受ける遺族のうちの第1順位者は配偶者（届出をしていないが、職員の死亡当時事実上婚姻関係と同様の事情にあった者を含む）であって、配偶者があるときは他の遺族は全く支給を受けないこと、当該職員の死亡当時主としてその収入によって生計を維持していたか否かにより順位に差異を生ずること、直系血族間では孫より父母が先順位となり、嫡出子と非嫡出子が平等に扱われ、父母や祖父母については養方が実方に優先するものとされていることなど、受給権者の範囲および順位につき民法の規定する相続人の順位決定の原則とは著しく異なった定め方がされていることが明らかであるから、右規定は、専ら職員の収入に依拠していた遺族の生活保障を目的とし、民法とは別の立場で受給権者を定めたもので、受給権者たる遺族は、相続人としてではなく、右の規定により直接死亡退職手当を自己固有の権利として取得するものと解するのが相当である（最判昭和55・11・27民集34巻6号815頁参照）。そうすると、被上告人の職員であった被相続人の死亡退職手当の受給権は同人の相続財産に属さず、遺贈の対象とするに由ないものというべきである。

（5）国債

国債は、購入者と国との間に消費貸借契約類似の関係を生じさせるもので、購入者の国に対する債権であるから、相続により相続人に承継される。相続人が複数いる場合には、国債は共同相続人の準共有となり、当然には分割されないと解される。個人向け国債について、判例も同様の判断を示している（前掲最判平成26・2・25）。

▶ 参 考 判 例

①最判平成 26・2・25 民集 68 巻 2 号 173 頁　本件国債は、個人向け国債の発行等に関する省令 2 条に規定する個人向け国債であるところ、個人向け国債の額面金額の最低額は 1 万円とされ、その権利の帰属を定めることとなる社債、株式等の振替に関する法律の規定による振替口座簿の記載または記録は、上記最低額の整数倍の金額によるものとされており（同令 3 条）、取扱機関の買取りにより行われる個人向け国債の中途換金（同令 6 条）も、上記金額を基準として行われるものと解される。そうすると、個人向け国債は、法令上、一定額をもって権利の単位が定められ、1 単位未満での権利行使が予定されていないものというべきであり、このような個人向け国債の内容および性質に照らせば、共同相続された個人向け国債は、相続開始と同時に当然に相続分に応じて分割されることはないものというべきである。

(6)投資信託

　一口に投資信託といっても、その金融商品としての内容は様々であるが、ここでは、委託者と受託者との間で信託契約を結んでいる「契約型投資信託」について検討する。

　契約型投資信託の中には、委託者が受託者に運用を指図する委託者指図型と、委託者が受託者に運用を指図できない委託者非指図型とがあるが、わが国では委託者指図型の投資信託が一般的である。

　投資信託が遺産分割の対象となるか否かについては、従来、下級審での判断は分かれていたが、判例は、委託者指図型投資信託に係る信託契約に基づく受益権について、当然には分割されないとの判断を示している（前掲最判平成 26・2・25）。

　しかし、遺産分割において、投資信託を複数相続人による準共有とすると、その後の諸手続が煩雑になったり、分配において端数処理の問題が生じたりするため、実務上は、1 つの投資信託（商品）については 1 人の相続人が取得し、代償金によって調整する方法がとられることが一般的であると思われる。

▶ 参 考 判 例

①最判平成 26・2・25 民集 68 巻 2 号 173 頁　（本件の）投資信託受益権は、委

託者指図型投資信託（投資信託及び投資法人に関する法律2条1項）に係る信託契約に基づく受益権であるところ、この投資信託受益権は、口数を単位とするものであって、その内容として、法令上、償還金請求権および収益分配請求権（同法6条3項）という金銭支払請求権のほか、信託財産に関する帳簿書類の閲覧または謄写の請求権（同法15条2項）等の委託者に対する監督的機能を有する権利が規定されており、可分給付を目的とする権利でないものが含まれている。このような上記投資信託受益権に含まれる権利の内容および性質に照らせば、共同相続された上記投資信託受益権は、相続開始と同時に当然に相続分に応じて分割されることはないものというべきである。

　また、本件投信受益権のうち、本件有価証券目録記載5の投資信託受益権は、外国投資信託に係る信託契約に基づく受益権であるところ、外国投資信託は、外国において外国の法令に基づいて設定された信託で、投資信託に類するものであり（投資信託及び投資法人に関する法律2条22項）、上記投資信託受益権の内容は、必ずしも明らかではない。しかし、外国投資信託が同法に基づき設定される投資信託に類するものであることからすれば、上記投資信託受益権についても、委託者指図型投資信託に係る信託契約に基づく受益権と同様、相続開始と同時に当然に相続分に応じて分割されることはないものとする余地が十分にあるというべきである。

（7）ゴルフ会員権

　ゴルフ会員権については、そもそも会則や規約で相続が認められていないものがある。会員がゴルフ場に対して預託金を有している場合には、死亡（退会）によって生じる預託金返還請求権が可分債権として相続の対象となる。

　相続の対象になる会員権であっても、多くの場合、相続人が無条件で当該ゴルフ場の会員になることができるものではなく、ゴルフ場（会員組織）の審査を受けて承認を得る必要がある。相続の際の手続は会員権によってさまざまであるから、当該ゴルフ会員権にかかる会則や規約などの確認が必要となる。

Check Point

□生命保険金は、保険金受取人として指定された者が固有の権利として保険金請求権を取得するので、遺産分割の対象とはならない。

□死亡退職金の取扱いについては、退職金の支給に関する規程
　などを確認する必要がある。
□株式、国債、投資信託などは当然に相続分に応じて分割され
　るものではない。また、ゴルフ会員権については会則や規約
　で相続時の取扱いを確認する必要がある。

◀ コラム ▶ 仮想通貨の相続は容易ではない

　被相続人が仮想通貨（暗号資産）を保有していた場合には、これ
も相続の対象となります。
　しかし、仮想通貨については、そもそも被相続人が保有していた
仮想通貨の種類や数量などを把握することが必ずしも容易ではあり
ません。相続人がこうした情報を得るには、まず取引所（仮想通貨
交換業者）の特定をします。このときは、被相続人が使用していた
スマートフォンやパソコンに入っているアプリ、ブラウザの履歴、
メールの履歴などを調べるのが通常です。被相続人の過去の確定申
告書で仮想通貨取引の利益が申告されている場合もあります。
　取引所を特定することができれば、そこに連絡をして手続に必要
な書類を送付してもらうことになりますが、海外の取引所などやり
取りが困難な場合も少なくありません。
　また、仮想通貨の相続税評価額は、「相続開始時」の価額である
ことに注意が必要です。仮想通貨は、その価額の変動が極めて大き
いものが多く、遺産分割協議や相続税申告の準備をしている間に価
額が著しく下落してしまうという可能性も少なくありません。そう
すると多額の相続税を負担したのに、それに見合う財産を得られな
いという事態が生じることになります。
　このように、仮想通貨の相続に関しては、相続人の負担が大きい
という面がありますが、だからといって、仮想通貨の存在を無視し
て遺産分割協議や相続税の申告などをすると、遺産分割協議のやり

Ⅱ　遺産分割の対象　　77

直し、延滞税の発生といったリスクが生じます。

　このようなことを考えると、仮想通貨を保有している方は、自身の相続に備えて、財産目録の作成、ID やパスワードなどの整理といった事前の準備をしておくと良いでしょう。また、場合によっては生前に仮想通貨についてはすべて売却したり、相続人に贈与したりしておくということも考えられます。

　なお、国税庁が公表している「仮想通貨関係 FAQ」では、仮想通貨の相続時に参考になる情報が得られます。　　　　　　　［安藤知史］

第2章 ● 相続財産

III…配偶者居住権

配偶者居住権は、相続開始時に被相続人の財産に属した建物に居住していた配偶者が、当該建物の全部について無償で使用および収益する権利を取得するというものである（民 1028 条 1 項）。

これは、被相続人の死亡後も、その配偶者に居住建物における居住権を保障しようとするものである。配偶者が高齢である場合には、相続によって住み慣れた居住建物を離れなければならないとなると精神的・肉体的な負担が重く、その経済的な負担も大きい。また、高齢者の場合には、新たに不動産を賃借すること自体が容易ではないという問題もある。そこで、居住建物における配偶者の居住権を保護する必要性は高く、2018（平成 30）年の民法改正により、配偶者居住権の制度が導入された。

配偶者居住権制度では、被相続人の配偶者は居住建物の所有権を取得するのではなく、それよりも低廉な価額で居住権を取得する。それによって、配偶者が生活の本拠を確保しつつ、現預金など他の資産も相続して生活資金を一定程度確保できることとなる。

なお、配偶者居住権は、被相続人と法律上の婚姻関係にあった配偶者に対してのみ認められる。したがって、被相続人と内縁関係にあったものには、配偶者居住権は認められない。

1 配偶者居住権が成立するための要件
(1)相続開始時に当該建物に居住していたこと

Case
Ａが死亡し、相続人としては配偶者Ｂと子 2 人がいる。Ａが

III　配偶者居住権　　79

所有していた建物は、1階が店舗、2階が自宅となっており、A
とBは、1階の店舗で飲食店を営み、2階で生活をしていた。ノ
ボル弁護士は、Bから、今後もここに住むことができるか、飲食
店の営業も続けることができるかについて相談を受けた。

　配偶者居住権は、相続開始時に配偶者が当該建物に居住し、生活の
本拠としていた場合にのみ認められる。なお、相続開始時に、配偶者
が入院等で一時的にその建物から離れていたとしても、生活の本拠と
していた状況が失われていなければ、「居住していた」と認めてよい
と考えられる（片岡 378 頁）。
　建物の一部のみが居住の用に供されていて、配偶者は相続開始前に
建物の全部を使用していなかったときでも、配偶者居住権は建物の全
部について成立する。したがって、配偶者は、建物全体を、配偶者居
住権に基づき、居住の目的または従前の用法に従って使用・収益する
ことが可能である。従前の用法に従っている限り、建物の仕様は居住
目的に限られないから、**Case** のような事例では、配偶者は、引き続
き飲食店を営むことができることになる。

**（2）建物が被相続人の所有か、被相続人と配偶者との共有に属してい
たこと**

Ｃａｓｅ
　Aと配偶者Bは、Aが所有するマンションに居住していた。A
が死亡し、Bと子Cが相続した。ノボル弁護士は、Bの代理人
としてCとの間の遺産分割協議を行っているが、そこでは、マ
ンションはBとCが共有持分を2分の1ずつ取得し、Bが配偶
者居住権を取得することが検討されている。

　配偶者居住権が認められるためには、当該建物が被相続人の所有か、
被相続人と配偶者との共有に属していたことが必要である（民 1028 条
1 項ただし書）。したがって、相続開始時に居住建物が第三者との共有

80　　第 2 章　相続財産

に属していた場合には配偶者居住権は成立しない。配偶者居住権は、当該建物を排他的に、無償で使用することができる権利であるところ、第三者が共有持分を有している場合にこれを認めると、当該持分権を害することになるためである。

また、居住建物が賃借物件であった場合には、配偶者居住権は成立しない。なお、建物の賃借権については相続されるが、配偶者の法定相続分は2分の1であるから、他の共同相続人は、配偶者の意に反して当該賃貸借契約を解除することができない（民252条1項）という限度では、配偶者の居住の利益は保護される。

Case のように相続によって共有持分を取得した場合でも、民法1028条1項各号のいずれかに該当すれば、配偶者居住権が認められる。配偶者としては、共有持分を有する居住建物について配偶者居住権を取得することで、他の共有者（他の相続人）に対して建物の賃料相当額を支払う必要がなくなるし、将来において共有物が分割されたとしても、引き続き無償で居住することができることとなる。

Check Point

□配偶者居住権は、被相続人が所有していたか配偶者と共有していた建物について、相続開始時に配偶者が建物に居住していた場合に認められる。

□建物の一部のみが居住の用に供されていた場合でも、建物全部について配偶者居住権が成立する。

2　配偶者居住権の取得原因

(1)遺産分割による取得（民1028条1項1号）

（a）審判による場合　　裁判所が遺産分割の審判によって配偶者居住権を成立させることができるのは、①配偶者に配偶者居住権を取得させることについて相続人全員の合意がある場合（民1029条1号）、

Ⅲ　配偶者居住権　　81

②配偶者が家庭裁判所に対して、配偶者居住権の取得を希望する旨を申し出た場合において、居住建物の所有者が受ける不利益の程度を考慮してもなお配偶者の生活を維持するために取得させることが特に必要であると認められる場合（同条2号）のいずれかである。②の場合には、配偶者以外の相続人が配偶者居住権の成立に反対していても、裁判所は配偶者が配偶者居住権を取得する内容の遺産分割の審判をすることが可能であるが、それにあたっては「居住建物の所有者が受ける不利益の程度」を考慮してもなお「配偶者の生活を維持するために特に必要」であることが求められる。具体的には、ⓐ居住建物の所有者が配偶者に対して扶養義務を負担し、または負担しうる関係にあるか、ⓑ配偶者が住み慣れた地域に現在の居住建物における居住と同様の状態で、かつ、比較的低廉な価格で安定的に住み続けられる状況を確保できるか、ⓒ生存配偶者が高齢であるか否か、ⓓ配偶者居住権を設定することによって居住建物の所有者による建物の利用がどの程度制約されるか、を考慮するのが適切であると考えられる（潮見436頁）。

（ｂ）その他の場合　　前記のような審判による場合のほか、遺産分割協議や調停によって配偶者居住権を成立させることも、もちろん可能である。

(2)遺贈による取得（民1028条1項2号）

> ### Ｃａｓｅ
> 　Ａと配偶者Ｂは、Ａが所有する戸建ての住居に居住していた。Ａが死亡し、相続人としては、Ｂのほかに子が2人いる。ノボル弁護士は、Ｂから遺産分割等について相談を受けた。ノボル弁護士が調査したところ、Ａは、「自宅について配偶者居住権をＢに取得させる」旨の遺言を残していたが、Ｂは、自身の親から相続したマンションを所有しており、戸建て住宅を今後管理していくことが容易ではないことから、当該マンションへの転居を考えている。また、Ａの相続財産としては、自宅不動産以外にも多くの金融資産がある。

遺言によって配偶者に配偶者居住権を取得させることができるのは、「遺贈」に限られ、「遺産分割方法の指定」によることはできない。仮に遺産分割方法の指定によることを認めると、相続そのものを放棄しない限り、配偶者が配偶者居住権を放棄することができなくなるためである。

配偶者居住権が認められた背景には、特に高齢の配偶者が居住建物に居住を継続できない事態となることによる不都合があることは前記のとおりであるが、**Case** のような事例であれば、配偶者としては配偶者居住権を得る必要はなく、むしろ配偶者居住権を放棄してより多くの金融資産を相続したいと考えることもあり得る。そこで、遺言による配偶者居住権の取得は遺贈に限られ、配偶者が配偶者居住権の取得を望まない場合には、遺贈を放棄することによって配偶者居住権の取得を拒絶することができる。

なお、配偶者が配偶者居住権の取得を希望している場合において、「配偶者に配偶者居住権を相続させる」旨の遺言がなされた場合でも、遺言者の通常の意思は、配偶者に居住建物での居住を保障したいというところにあると考えられるから、その点に特段の疑義がない限りは、配偶者居住権の遺贈があったものと解釈するのが相当であると考えられている（一問一答 14 頁、潮見 437 頁）。

Check Point

□配偶者居住権を取得できるのは、遺産分割または遺贈による場合である。

□遺産分割審判によって配偶者居住権を取得させるか否かの判断は、配偶者の居住権を保障する利益と建物所有者の不利益の利益衡量のもとでなされる。

3 配偶者居住権の内容・存続期間等
(1)居住建物の使用・収益

> **Ｃａｓｅ**
> 　Ａと配偶者Ｂは、２階建ての建物の１階部分に居住し、２階部分は賃貸していた。Ａの死亡後、Ｂと子Ｃとの間での遺産分割協議を経て、Ｂはこの建物について配偶者居住権を取得し、建物の所有権は子のＣが取得した。２階部分は、引き続き賃貸している。ノボル弁護士はＣから、賃料を自分が受け取って問題はないか、Ｂが建物を広く使えるように、建物賃借人に退去してもらいたいと考えているがそれは可能か、との相談を受けた。

　配偶者居住権は、被相続人の財産に属した建物に相続開始の時に居住していた配偶者が、その居住建物を無償で使用・収益する権利である（民1028条1項本文）。使用・収益の対価を支払う必要がない点で、賃借権とは異なり、また、建物の使用のみならず収益まで認められる。したがって、居住建物の一部を第三者に賃貸するとか、居住建物の一部で事業を営むとかいったことも可能であるが、第三者に建物を使用・収益させるには、建物の所有者の承認を得る必要がある（民1032条3項）。

　配偶者は、従前の用法に従い居住建物を使用・収益しなければならず、使用・収益にあたっては善管注意義務を負う（民1032条1項）。

　また、配偶者は、居住建物の使用・収益に必要な修繕をすることができる（民1033条1項）一方で、居住建物について修繕を要する場合において、配偶者が相当の期間内にその修繕をしないときは、居住建物の所有者がその修繕をすることができるとされている（同条2項）。なお、増改築については、居住建物の所有者の承諾を要する（民1032条3項）。

　前記のとおり、配偶者居住権を取得した配偶者は、建物全部について使用・収益できるが、建物の賃借人に対して対抗することはできな

84　　第2章　相続財産

い。したがって、Case のような事例でも建物賃借人に退去を求める
ことはできない。また、賃料を得るのは建物所有者であり、配偶者居
住権を有する配偶者ではないから、Case の事例では、賃料は C が受
け取るべきものである（一問一答 16 頁）。

（2）譲渡禁止

> # Case
>
> ノボル弁護士は、A が死亡した際に、配偶者の B の依頼を受
> け、遺産分割協議を行った。その際に、B は自宅マンションに配
> 偶者居住権を取得して、1 人で居住をしていた。最近になって B
> の体調が思わしくなくなり、1 人暮らしを続けることが困難にな
> ったことから、自宅マンションを出て、高齢者施設への入居を考
> えているが、そのために必要な費用を賄うに十分な金融資産がな
> いという相談を受けた。

　配偶者居住権は譲渡することができない（民 1032 条 2 項）。配偶者
居住権は、配偶者の居住環境の継続性を保護するための制度であるこ
とから、譲渡は認められないものとされている。

　Case の事例のように、配偶者居住権を取得した配偶者としては、
予定していた期間が経過する前に生活状況が変わるなどして転居が必
要になることもあるが、転居に要する費用を捻出するために配偶者居
住権を譲渡して対価を得るといったことはできない。このような場合
に、たとえば建物所有者と協議をして、配偶者居住権を建物所有者に
売却する旨の合意をすることは可能であるが、買取請求権のような権
利は認められない。ただし、遺産分割協議において配偶者居住権を設
定する際などに、一定の条件での配偶者居住権の買取りなどをあらか
じめ定めておくことは可能である。

（3）配偶者居住権の登記

　居住建物の所有者は、配偶者に対し、配偶者居住権の設定の登記を
備えさせる義務を負っている（民 1031 条 1 項）。この登記手続につい

ては、居住建物の所有者と配偶者とが共同申請しなければならないが（不登60条）、配偶者居住権を調停や審判によって取得した場合には、配偶者が調停調書や審判書を用いて単独で登記手続をすることができる。

配偶者居住権が登記されると、「居住建物について物権を取得した者その他の第三者」に対して権利を対抗することができる。なお、配偶者が権利を対抗することができるのは、あくまで「居住建物について」物権を取得した者などであるから、建物の敷地が譲渡されて、その譲受人から明渡しを請求されると（建物のための敷地利用権も設定されていない場合）、敷地の所有者に対して配偶者居住権を主張することはできない。

（4）権利の存続期間

配偶者居住権は、原則として当該配偶者が死亡するまで存続するが、存続期間を定めることもできる。ただし、存続期間を定めた場合には、その延長や更新をすることはできないため注意を要する。配偶者居住権の存続期間は、権利の評価に影響するものであるところ、延長や更新が認められると、その評価が困難になるためである。

また、配偶者居住権は、存続期間の満了、配偶者の死亡、居住建物の全部滅失等（以上について民1036条、597条1項、同条3項、616条の2）、居住建物の所有者による消滅請求（民1032条4項）、居住建物が配偶者の単独所有になること、配偶者による配偶者居住権の放棄によって消滅する。

配偶者居住権が消滅したときは、配偶者は、居住建物を所有者に返還しなければならない（民1035条1項本文）。ただし、配偶者が居住建物について共有持分を有しているときは、共有者は、配偶者居住権の消滅を理由に居住建物の返還を求めることはできない（同項ただし書）。配偶者が居住建物を返還するときは、配偶者は建物の原状回復義務を負うが、ここでいう「原状」とは相続開始時の状態を指す。

Check Point

□配偶者居住権を取得した配偶者は、居住建物について従前の
用法に従った使用・収益が可能となる。

□配偶者居住権の譲渡は禁止されているが、当事者間であらか
じめ買取りに関する合意などをしておくことは可能である。

□配偶者居住権は、原則として当該配偶者が死亡するまで存続
するが、存続期間を定めることもできる。ただし、存続期間
を定めた場合には、その延長や更新をすることはできない。

4 配偶者居住権の財産評価等
(1)基本的な考え方

Case
　被相続人 A が死亡時に有していた財産は 3000 万円の預金と
時価 3000 万円の自宅マンションであった。A は自宅マンション
に配偶者 B と 2 人で暮らしており、B には見るべき資産はない。
他の相続人として、子 C および D がいる。この事案においてノ
ボル弁護士は B の代理人となっている。B としては、引き続き
マンションに居住しながら、今後の生活資金もある程度確保する
必要がある。

　配偶者居住権制度は、被相続人の配偶者が居住建物の所有権を取得
するのではなく、それよりも低廉な価額で居住権を取得することで、
配偶者が生活の本拠を確保しつつ、現預金など他の資産も相続して生
活資金を一定程度確保できるというものである。

　Case のような事例で、B が自宅マンションを取得すると、それだ
けで相続財産の 2 分の 1 を相続したこととなるから金融資産を取得
することができず、その後の生活資金を得られない。配偶者が配偶者
居住権を取得した場合は、その財産的価値に相当する金額を相続した

ものとして扱われるが、その財産的価値は所有権よりも低廉であるから、**Case** の事例でも、Ｂはマンションの居住権に加えて一定の金融資産を取得することが可能となる。もちろん、他の相続人の具体的な相続額は、配偶者が所有権を取得した場合と変わりない。

配偶者居住権の財産的価値をどのように評価するかについては、何らかのルールが定められているわけではなく、基本的には今後の実務運用に委ねられている。遺産分割の調停や審判において当事者間で財産的価値について合意が得られないときには、家庭裁判所が鑑定人を選任し、鑑定人が評価額を示すことになる。

（2）評価方法をめぐる議論

配偶者居住権の財産的価値の算定方法については、法制審議会民法（相続関係）部会において、①居住建物の賃料相当額から配偶者が負担すべき通常の必要費を控除した価額に存続期間に対応する年金現価率を乗じた価額とする方法（還元方式）と、②居住建物およびその敷地の価額から配偶者居住権の負担付の各所有権の価額を引いた額とする方法（簡易な評価方法）とが提案された。

それぞれの計算式を示すと以下のようになる。

①還元方式　　　（居住建物の賃料相当額 − 必要費）× 年金現価率

②簡易な評価方法　　（居住建物の価額 ＋ 敷地の価額）−（配偶者居住権負担付の建物所有権の価額 ＋ 配偶者居住権負担付の敷地所有権の価額）

このうち、①の還元方式については、専門家ではない者が「居住建物の賃料相当額」を算出したり、年金現価率を設定したりすることは困難であることから、遺産分割の当事者が配偶者居住権の財産的価値について合意をめざす際に用いることは現実的ではないとの指摘がある。

他方、②の簡易な評価方法については、固定資産税評価額を基礎として算出できる方法で、不動産鑑定士協会からも一定の合理性があるとの評価を得ている。したがって、遺産分割調停や審判において鑑定

を行う場合は別として、遺産分割の当事者が配偶者居住権の財産的価値について合意をめざす際には、この方法を用いるのが相当であると考えられている（実務運用 67 頁）。

そこで、以下では、簡易な評価方法の具体的な内容について述べる。

（3）簡易な評価方法

> **Ｃａｓｅ**
> 　築 10 年、固定資産税評価額 1000 万円の木造一戸建ての建物について、存続期間を 30 年とする配偶者居住権を設定した。その敷地の固定資産税評価額は 4000 万円であるという場合、配偶者居住権はどのように評価されるか。

（ａ）評価方法の概要　　配偶者居住権を取得した配偶者は、居住建物の敷地についても居住建物の使用・収益に必要な限度で排他的に使用することになるため、配偶者居住権には敷地利用権の価値も含まれていると考えられる。そのため、簡易な評価方法では、前記のとおり敷地の価額も考慮して配偶者居住権の価額を算定することになる。

居住建物の価額と敷地の価額については、固定資産税評価額ないしは時価に基づいて定めることになる（評価について合意できなければ鑑定によることになる）。なお、建物の評価については、実務上、固定資産税評価額が利用されていることが多いこと、相続税評価においても家屋の評価はその家屋の固定資産税評価額と同額とされていることから（財産評価基本通達 89）、固定資産税評価額をもとに算出することが想定されている。

また、簡易な評価方法によって配偶者居住権の評価額を算出する場合には、建物および敷地の相続開始時における評価額が定まっていれば、配偶者居住権については「建物敷地の現在価額－配偶者居住権付所有権の価額」という計算式で評価額が算出されるから、あえて相続開始時の配偶者居住権の評価額を定める必要はないが、遺贈により取得した配偶者居住権を特別受益として持ち戻す際の評価を算出する場

Ⅲ　配偶者居住権　　89

合には、「相続開始時の価額」を求めることとなる（実務運用 72 頁）。

（ｂ）**具体的な算出方法**　配偶者居住権付所有権の価額は、次のように算出する。

配偶者居住権の負担付建物所有権の価額

> 負担付建物所有権の価額
>
> $$= \frac{固定資産税}{評価額} \times \frac{法定耐用年数 - （経過年数 + 存続年数）}{（法定耐用年数 - 経過年数）} \times \frac{ライプニッツ}{係数}$$

配偶者居住権の負担付敷地所有権の価額

> 負担付土地所有権等の価額
>
> ＝敷地の固定資産税評価額ないし時価×ライプニッツ係数

Case の事例では、配偶者居住権の価額は次のようになる。

・建物敷地の現在価額　1000 万円 + 4000 万円 = 5000 万円

・配偶者居住権の負担付建物所有権の価額　0 円

　※法定耐用年数 22 年 - （経過年数 10 年 + 存続年数 30 年）の計算がマイナスになるため

・配偶者居住権の負担付土地所有権の価額

　4000 万円×0.412（存続期間 30 年のライプニッツ係数）= 1648 万円

・配偶者居住権の価額 5000 万円 - 1648 万円 = 3352 万円

Check Point

□配偶者居住権を取得した配偶者は、その財産的価値に相当する金額を相続したものとして扱われる。

□配偶者居住権の財産的価値の評価方法について決まったものはないが、通常は、簡易な評価方法によるのが相当と考えられる。

5 配偶者短期居住権

(1)制度の概要

　配偶者短期居住権は、一方の配偶者が死亡した後の生存配偶者が遺産分割までの間など一定の期間、居住建物を無償で使用することができる権利である（民1037条）。これは、被相続人の意思にかかわらず成立する権利であり、居住建物の所有権を取得した者と配偶者との間に使用貸借に類似した関係が生じることになる。

　配偶者短期居住権が認められる要件は、被相続人の配偶者であること、相続開始の時に被相続人所有の建物に無償で居住していたこと、である。

　配偶者短期居住権には次の2つの類型がある。①居住建物について配偶者を含む共同相続人間で遺産分割をすべき場合において、相続開始時から、遺産分割により居住建物の帰属が確定した日または相続開始の時から6か月を経過する日のいずれか遅い日までの間、配偶者に居住利益を認めるもの（民1037条1項柱書本文および同項1号。以下「1号配偶者短期居住権」という。潮見407頁以下）、②配偶者が居住建物について遺産分割の当事者とならない場合（配偶者が相続放棄をした場合などがこれに該当する）において、居住建物の所有権を取得した者が消滅の申入れをした時から6か月が経過するまでの間の居住利益を配偶者に認めるもの（同項2号。以下「2号配偶者短期居住権」という。潮見409頁以下）、である。

　以前から、判例は、被相続人が所有する建物に被相続人と同居していた相続人について居住の権利を保護する観点から「使用貸借の推認」を認めていた（最判平成8・12・17民集50巻10号2778頁。本章I3参照）が、配偶者短期居住権の下では、仮に被相続人が反対の意思を示していた場合でも配偶者の居住権が確保されるほか、存続期間の面でも配偶者の保護が拡充されているということができる。

　なお、配偶者短期居住権は、配偶者居住権とは異なり、一定の要件を満たせば法律上当然に配偶者が権利を取得する。

III　配偶者居住権　　91

（2）配偶者短期居住権の内容・性質

> **Ｃａｓｅ**
> 　Ａが死亡し、配偶者Ｂがを相続した。Ｂは、相続開始前からＡと居住していた自宅に相続開始後も居住しているが、当該建物については、知り合いのＣに遺贈する旨の遺言が残されていた。Ｃは、遺贈を受けた後すぐに建物をＤに売却してしまい、ＤはＢに対して退去を求めている。ノボル弁護士は、Ｂから引き続き当該建物に住み続けることはできないかとの相談を受けた。

　配偶者短期居住権を取得した配偶者は、居住建物を無償で使用することができるが、配偶者居住権とは異なり、「収益」の目的とすることはできない。また、配偶者短期居住権は、第三者に対抗することはできない。

　Case のように、居住建物が第三者に譲渡された場合には、配偶者は、建物の譲受人に対して配偶者短期居住権を主張して建物の占有を続けることはできないことになる。この場合、配偶者は、居住建物を使用させる義務を怠った者に対して損害賠償請求をすることが可能である（一問一答46頁）。

　なお、配偶者短期居住権については、配偶者居住権と同様に譲渡することはできない（民1041条、1032条2項準用）。

（3）配偶者短期居住権の存続期間等

　1号配偶者短期居住権については、相続開始時から、遺産分割により居住建物の帰属が確定した日または相続開始の時から6か月を経過する日のいずれか遅い日まで存続する。したがって、遺産分割が短期間に終了した場合であっても、配偶者は、相続開始から6か月間は居住権を確保することができることになる。

　2号配偶者短期居住権については、居住建物を取得した者が、配偶者短期居住権の消滅を申し入れた日から6か月が経過する日まで存続する。居住建物の所有権を相続や遺贈等で取得した者は、いつでも

第2章　相続財産

2号配偶者短期居住権の消滅の申入れをすることができる（民1037条3項）。

▶ **参 考 判 例**

①**最判平成8・12・17民集50巻10号2778頁**　共同相続人の1人が相続開始前から被相続人の許諾を得て遺産である建物において被相続人と同居してきたときは、特段の事情のない限り、被相続人と右同居の相続人との間において、被相続人が死亡し相続が開始した後も、遺産分割により右建物の所有関係が最終的に確定するまでの間は、引き続き右同居の相続人にこれを無償で使用させる旨の合意があったものと推認されるのであって、被相続人が死亡した場合は、この時から少なくとも遺産分割終了までの間は、被相続人の地位を承継した他の相続人等が貸主となり、右同居の相続人を借主とする右建物の使用貸借契約関係が存続することになるものというべきである。けだし、建物が右同居の相続人の居住の場であり、同人の居住が被相続人の許諾に基づくものであったことからすると、遺産分割までは同居の相続人に建物全部の使用権原を与えて相続開始前と同一の態様における無償による使用を認めることが、被相続人および同居の相続人の通常の意思に合致するといえるからである。

Check Point

□配偶者短期居住権は、一定の要件を満たせば法律上当然に配偶者が権利を取得する。

□配偶者短期居住権で認められるのは建物の使用のみで、収益は認められない。

□配偶者短期居住権を第三者に対抗することはできない。

◀ **コラム** ▶ 配偶者が自宅を使い続けたい場合の対応

　被相続人と同居していた配偶者が、引き続き自宅に居住したいという場合に、自宅建物を相続した相続人との間で使用貸借契約を締結するということがあります。「使用貸借契約を締結して」といっても、契約書が作成されることはむしろまれで、たとえば、自宅不

Ⅲ　配偶者居住権　　93

動産を相続した子どもが、親（被相続人の配偶者）に対して、そのまま無償で居住することを了承するなど、当事者間の「口約束」の形がとられることが通常と思われます。

　配偶者居住権の制度も創設されましたが、親族（親子）関係に問題がなければ、わざわざこうした制度を利用するまでもなく、上記のような形で被相続人の配偶者が自宅を使用し続けるという事案も多いのではないでしょうか。

　口約束であっても、当事者が納得していれば、ひとまず円満に遺産分割協議をまとめることができますが、遺産分割に関わる弁護士としては、場合によっては、依頼者に対して、時間の経過とともに親族関係がぎくしゃくすることは決して珍しいことではないことなどを説明し、必要な助言をすることも考えた方が良いでしょう。

　将来において、貸主が使用貸借契約の終了を主張して紛争となった場合には、借主が目的に従い使用収益をするのに足りる期間を経過したか否かが争点となることが多く、その点については、契約締結の事情や目的、契約後に経過した期間のほか様々な事情を総合的に考慮して判断されることになりますが（裁判例も多数あります）、明確な基準が存在するわけではありませんので、貸主、借主どちらの立場においても法的リスクを抱えることになります。

　特に、被相続人の配偶者以外にも同居人がいる場合や建物が自宅兼店舗である場合、不動産の価値が高い場合などは、トラブルが生じやすいため、現在の貸主と借主との関係性にかかわらず、契約書を取り交わし、使用貸借契約の期間や目的などを明確にしておくことが将来の紛争予防や問題の複雑化を防ぐことに役立ちます。

[安藤知史]

第 **3** 章

遺言

第3章 ● 遺言

Ⅰ…遺言の効力

1 遺言の無効

　遺言無効の主張が相続人等の当事者からなされる場合、その理由とされるのは、遺言の形式的要件が欠けている、遺言が偽造された、遺言内容が公序良俗に反する、遺言能力を欠いて作成されたなどがある。高齢化社会が進むと遺言作成の件数も増加することが予想される。さらに、厚生労働省によれば、認知症高齢者数は、2012年で462万人と推計されており、2025年には約700万人、2040年には約800〜950万人に達することが見込まれている。こうした状況下で認知症を理由に遺言能力を欠くとして遺言無効を原因とする紛争は今後も増加するものと思われる。

> ### Ｃａｓｅ
> 　ノボル弁護士は、被相続人Ａの相続人の1人であるＣから次のような相談を受けた。
> 　Ａの相続人は、妻Ｂ、子ＣとＤであり、Ａは妻Ｂにすべての財産を相続させる旨の自筆証書遺言を残して令和6年2月に死亡した。Ａは令和元年6月には要介護5の介護認定を受けており、令和2年1月から介護施設に入所していた。そのころから認知症も発症していた。遺言が作成されたのは令和2年2月のことであった。子ＣはＡが遺言を作成した時点では認知症を発症していたので、遺言は無効であると考えている。ノボル弁護士はどのようなアドバイスをすべきだろうか。

（1）遺言無能力による遺言無効

　遺言をするためには遺言能力をそなえていなければならず、意思能力、すなわち、遺言の内容を理解し、遺言の結果を弁識し得るに足り

96 ｜ 第3章 遺言

る能力を欠いた状態で作成された遺言は無効となる。遺言者が認知症の診断を受けている場合でも、直ちに遺言能力を欠くとは限らない。認知症の診断を受けたとしても、その程度はさまざまであるし、認知症が相当進行している場合でも、常に遺言能力を喪失しているわけではなく、一定の時間においては遺言能力が備わっていると認められることもあるからである。

　そのため、遺言能力を欠くとして遺言の効力を争う者は、認知症の程度を示す専門医師の診断書、その他の客観証拠を提出することが不可欠である。介護認定を受ける際に主治医意見書が作成されるが、主治医は必ずしも認知症専門医ではないので、遺言能力を欠くことの証拠として十分といえるかについては慎重な判断を要する。その他、医師のカルテ、看護記録、介護日誌などが証拠となる。いずれにしても、認知症だから遺言能力を欠くとは即断できないのであり、遺言能力についての客観証拠を収集することが重要になってくる（野口大・藤井伸介編集代表『事案から学ぶ履行困難な遺言執行の実務』（日本加除出版、2023年）7頁）。

　Case では、遺言者 A が遺言を作成したころに認知症を発症したものであるが、認知症の程度は明確でない。要介護 5 の介護認定を受けているからといって認知能力が著しく低下しているとも限らない。認知症だから遺言能力が欠けると判断するのではなく、介護認定を受けた際の資料、介護施設での介護日誌等を吟味して遺言能力について判断がなされるべきである。

◀ コラム ▶ 遺言はその場で

　遺言作成に関して、未だに悔やんでいることがあります。ある大学教授が教え子と同棲関係に入り、私に、父親の看護を嫌がって別居している妻との離婚事件を依頼してきました。妻側の弁護士は、「有責配偶者の離婚請求には断固として応じません」「不道徳極まり

Ｉ　遺言の効力　　97

ない」とけんもほろろでした。離婚調停も数年のインターバルを置いて2回ほど申し立てましたが、即刻不成立になりました。最高裁の昭和62年大法廷判決は出ていましたが、その大学教授は、娘のことを案じて離婚訴訟には躊躇していました。

依頼を受けて15年近く経過したときですが、突然その大学教授から手紙が届きました。「膵臓ガンで余命もあまりありません。同居している教え子に少しでも遺産を与えたいので、相談したい」とあり、驚いた私は、翌日、入院先の病院を訪問し、大学教授に面会しました。見た限りは痩せ細ってもいませんでしたし、声も通っていましたから、「早速、お考えをまとめた公正証書遺言を作成する準備を始めます」といって辞去したのです。ところが、その2日後、教え子の女性から私の事務所に電話が入り「先生が亡くなった」というのです。私は、「エッ」といったまま言葉が出ませんでした。

その後、妻から、教え子に対し、居住している自宅建物からの退去を求める訴訟が提起されましたが、代理人弁護士が交代していたこともあって、何とか教え子の女性の生活を維持できる程度の和解金を獲得することで十数年に亘った依頼事件は決着しました。

それ以来、遺言書の作成を依頼されたときには、その人の健康状態を見極め、少しでも不安があればいつ亡くなってもいいように対応することにしています。病院で大学教授に対面したとき、「先生はいつ死亡するか分かりませんから、いまここでとりあえず自筆証書遺言を書いておきましょう」といえなかったことを後悔しているためです。

[髙中正彦]

（2）公序良俗に反する遺言

公序良俗に反する遺言は、民法90条により無効となる。それでは不倫相手に遺贈する旨の遺言は公序良俗に反し無効となるか。

この点、判例は不倫相手の生活を維持する目的でなされた遺贈であって、不倫関係を維持するためになされたものでなく、妻子など相続人の生活も保障される内容の遺言は無効とはならないとする（最判昭

和 61・11・20 民集 40 巻 7 号 1167 頁)。反対に、不倫相手に遺贈する旨の遺言が公序良俗違反を理由に無効となったものとしては、50 歳の男が 16 歳年下の不倫相手に自宅不動産を遺贈した遺言について、情交関係を維持する目的であり、妻の生活基盤を脅かすとしたもの (東京地判昭和 58・7・20 判タ 509 号 162 頁)、妻と別居する夫が 19 年間同棲した不倫相手に全財産を遺贈した遺言について、妻が遺贈の対象となっている建物の賃料収入を生活費としており、これを知りながら遺言したもの (東京地判昭和 63・11・14 判時 1318 号 78 頁) などがある。

(3)内容が不明確な遺言

　遺言には、その趣旨や意味が明確でなく、そのままでは遺言の執行が困難なものもある。そのような場合でも、当該遺言は直ちに無効となるものではない。遺言は、相手方のない単独行為なので、取引の安全や相手方の信頼等を考慮する必要はない。そこで、判例は、遺言の意思表示の内容は当事者の真意を合理的に探究し、できる限り適法有効なものとして解釈すべきとしている (最判昭和 30・5・10 民集 9 巻 6 号 657 頁)。

　解釈の方法としては、①遺言書の記載自体から遺言者の意思が合理的に解釈し得る場合には、遺言書に表れていない事情を解釈の根拠とすることは許されない (最判平成 13・3・13 判時 1745 号 88 頁)、②遺言書のある条項が不明確な場合、単に遺言書の中から当該条項のみを他から切り離してその文言を形式的に解釈するだけでなく、遺言書の全記載との関連、遺言書作成時の事情や状況を考慮して判断する (最判昭和 58・3・18 判時 1075 号 115 頁)、③遺言書の文言を前提にしながらも、遺言書作成に至った経緯および置かれた状況を考慮することも許される (最判平成 5・1・19 民集 47 巻 1 号 1 頁)、といったことが判例では挙げられている。

(4)形式不備の遺言

　（a）自筆証書遺言と公正証書遺言　　自筆証書遺言は、厳密な様式が求められていることから、この様式が具備されてない自筆証書遺

Ⅰ 遺言の効力　　99

言は形式不備とされる。たとえば、日付の記載に問題がある、署名押印に問題がある、財産目録（特に自書によらない財産目録が認められたことに伴う様式）に不備があるといったものである。

公正証書遺言は、公証役場で作成されることから形式不備が問題となることは稀であるが、証人の適格性など不備が生じる余地がないわけでない。

これらの形式不備は外形的、客観的に判断がなされるものであるから、不備か否かの判断は比較的容易になされる。

（ｂ）遺言の偽造　　自筆証書遺言の場合に遺言無効の理由として主張されるのは、遺言者本人の自書によっていない、第三者によって書かれたというものである。この場合は、自筆証書遺言の自書という形式を欠くものであるし、場合によっては遺言者本人の意思ではないということから無効原因となる。

自筆証書遺言の自書性は、自筆証書遺言の成立要件の１つであるから、遺言が有効であることを主張する者に立証責任があるとされている（最判昭和 62・10・8 民集 41 巻 7 号 1471 頁）。

遺言者本人の自書によるか否かが争われる場合に問題となるのが筆跡である。本人の筆跡性を立証する側は筆跡鑑定を行いそれを証拠とすることが多い。ただし、筆跡鑑定が証明力の高い証拠となるかは常に肯定されているわけではない（たとえば、東京高判平成 12・10・26 判タ 1094 号 242 頁）。

本人の自書か否かが争われる場合に有力な証拠となるのは、押捺されている印影が実印かどうかという点である。民事訴訟法 228 条 4 項は、本人の押印がある文書が真正に成立したものと推定する規定であるが、これは訴訟手続上のものであるから、遺言書の文書の成立の真正（遺言書が本人の意思に基づくものであるか）に適用されるものではない。もっとも、実印の保管者や保管方法等も加味したうえで、実印が押捺されているか否かは自書性の有力な材料になるものである。

それ以外に、遺言の作成された経緯や背景事情、遺言者の生活状況、

家族との関係、遺言の内容等を総合して自書性が判断されることになる。

2　遺言の撤回

(1)遺言の撤回の方法

（ａ）**遺言の方式による撤回**　　遺言者は、いつでも、遺言の方式に従って、その遺言の全部または一部を撤回することができる（民1022条）。

（ｂ）**撤回の擬制**　　次の場合は遺言の撤回がなされたものと擬制される。第1に、前の遺言が後の遺言と抵触するとき（民1023条1項）、第2に、遺言が遺言後の生前処分その他の法律行為と抵触するとき（同条2項）、第3に、遺言者が故意に遺言書や遺贈の目的物を破棄したとき（民1024条）。これらの場合は抵触する部分や破棄された部分の遺言が撤回されたものとみなされる。

(2)遺言撤回の撤回・取消と旧遺言の復活

遺言（A遺言）がB遺言によって撤回され、B遺言がさらにC遺言によって撤回されてもA遺言は原則として復活することはない。B遺言について効力が生じない場合も同様である（民1025条）。ただし、C遺言においてA遺言を復活させる旨が明らかなときはA遺言が復活する（最判平成9・11・13民集51巻10号4144頁）。

Check Point

□認知症の診断を受けていても常に遺言能力を喪失しているわけではない。

□不倫相手に遺贈する遺言は妻子などの生活基盤を脅かすか、情交関係を維持させる目的で作成されたか等の事情で公序良俗性が判断される。

□内容が不明確な遺言は当事者の意思を探究し、できる限り有

効なものとして解釈する。

□自筆証書遺言の自書性の立証責任は遺言が有効であることを主張する者にある。

□遺言の撤回は遺言によってなされ、撤回の擬制は法定されている。

▶ 参 考 判 例

①**最判昭和 61・11・20 民集 40 巻 7 号 1167 頁**　妻子のある男性がいわば半同棲の関係にある女性に対し遺産の 3 分の 1 を包括遺贈した場合であっても、右遺贈が、妻との婚姻の実態をある程度失った状態のもとで右の関係が約 6 年間継続した後に、不倫な関係の維持継続を目的とせず、もっぱら同女の生活を保全するためにされたものであり、当該遺言において相続人である妻子も遺産の各 3 分の 1 を取得するものとされていて、右遺贈により相続人の生活の基盤が脅かされるものとはいえないなど判示の事情があるときは、右遺贈は公序良俗に反するものとはいえない。

②**最判昭和 30・5・10 民集 9 巻 6 号 657 頁**　意思表示の内容は当事者の真意を合理的に探究し、できるかぎり適法有効なものとして解釈すべきを本旨とし、遺言についてもこれと異なる解釈をとるべき理由は認められない。この趣旨にかんがみるときは、原審が本件遺言書中の「後相続は A にさせるつもりなり」「一切の財産は A にゆずる」の文言を A に対する遺贈の趣旨と解し、養女 B に「後を継す事はできないから離縁をしたい」の文言を相続人廃除の趣旨と解したのは相当であって、誤りがあるとは認められず、また遺言の真意が不明確であるともいえないから、所論は理由がない。

③**最判平成 13・3・13 判時 1745 号 88 頁**　遺言書には、遺贈の目的としてたんに「不動産」と記載され、その所在場所として遺言者の住所が記載されているが、遺言者はその住所地にある土地および建物を所有していたなど判示の事実関係のもとにおいては、所在場所の記載が住居表示であることなどをもって同遺言書の記載を建物のみを遺贈する旨の意思を表示したものと解することはできない。

④**最判昭和 58・3・18 判時 1075 号 115 頁**　遺言の解釈にあたっては、遺言書の文言を形式的に判断するだけではなく、遺言者の真意を探究すべきものであり、遺言書が多数の条項からなる場合にそのうちの特定の条項を解釈するにあたっても、単に遺言書の中から当該条項のみを他から切り離して抽出しその文言を形式的に解釈するだけでは十分ではなく、遺言書の全記載との関連、遺言書作成当時の事情および遺言者の置かれていた状況などを考慮して遺言者の真意を探究し当該条項の趣旨を確定すべきものであると解するのが相当である。

⑤**最判平成 5・1・19 民集 47 巻 1 号 1 頁**　遺言の解釈にあたっては、遺言書に表明されている遺言者の意思を尊重して合理的にその趣旨を解釈すべきであるが、可

能な限りこれを有効となるように解釈することが右意思に沿うゆえんであり、そのためには、遺言書の文言を前提にしながらも、遺言者が遺言書作成に至った経緯およびその置かれた状況等を考慮することも許されるものというべきである。

⑥**最判昭和 62・10・8 民集 41 巻 7 号 1471 頁**　自筆証書遺言の無効確認を求める訴訟においては、当該遺言証書の成立要件、すなわちそれが民法 968 条の定める方式に則って作成されたものであることを、遺言が有効であると主張する側において主張・立証する責任があると解するのが相当である。

⑦**東京高判平成 12・10・26 判タ 1094 号 242 頁**　筆跡の鑑定は、科学的な検証を経ていないというその性質上、その証明力に限界があり、特に異なる者の筆になる旨を積極的にいう鑑定の証明力については、疑問なことが多い。したがって、筆跡鑑定には、他の証拠に優越するような証拠価値が一般的にあるのではないことに留意して、事案の総合的な分析検討をゆるがせにすることはできない。

⑧**最判平成 9・11・13 民集 51 巻 10 号 4144 頁**　遺言者が遺言を撤回する遺言を更に別の遺言をもって撤回した場合において、遺言書の記載に照らし、遺言者の意思が当初の遺言の復活を希望するものであることが明らかなときは、当初の遺言の効力が復活する。

◀ コラム ▶ 遺言信託と遺言代用信託

　最近、遺言信託、遺言代用信託といった言葉をよく耳にするようになりました。銀行が提供するサービスとしてホームページなどで紹介されることも多くあります。

　信託は、委託者と受託者との間の信託契約で成立するほか、委託者が遺言によって信託を設定することもできます。これを遺言信託と呼びます。契約ではないので、遺言で指名された受託者が承諾しなければこの者が受託者になることはなく、その場合は裁判所が受託者を選任することになります。

　この遺言信託という用語は、銀行が遺言の作成・保管・執行という相続に関して提供するサービスとして用いられることもあります。同じ用語ですが、意味が全く異なるので紛らわしいです。

　遺言代用信託とは、委託者の死亡を始期として、受益権または信託財産にかかる給付を受ける権利を取得する受益者（死亡後受益者）についての定めのある信託のことです（信託法 90 条 1 項）。

Ⅰ　遺言の効力　103

たとえば、推定相続人が幼い子であったり、浪費癖があったりして財産を管理することができない場合、被相続人が受託者にその財産の管理を任せ、相続人が受益者となってその財産の供与を受けることを生前に決めておけば、被相続人の死後、相続人は被相続人の財産を自ら管理することなく、受益者として恩恵を受けることができます。これを遺言代用信託といいます。具体例として、委託者は、生前は賃貸用不動産を自ら管理するが、委託者の死後は賃貸用不動産を受託者に管理させ、賃料を相続人である受益者が受領するという信託契約を結んでおけば相続人は自ら財産を管理することなく、必要な金銭だけを受領することができます。

　遺言代用信託は、被相続人の死亡を原因として相続にかかる財産が移転する点で死因贈与に類似します。ただ、死因贈与により移転するのが相続財産そのものであるのに対して、信託を利用した場合には、上記の例のように不動産そのものではなく賃料が受益者に移転するといったように柔軟な設計ができる点が異なります。遺言代用信託では、委託者が生前に受益者を変更できると規定されています（信託法90条）。　　　　　　　　　　　　　　　　　　［市川　充］

第3章 ● 遺言

II…遺言の内容

1　遺贈

　遺贈とは、遺言によって遺言者が自己の財産を他人に与える処分行為である。死因贈与が契約であるのに対して、遺贈は単独行為であり、遺言で行うことから要式行為である。

　遺贈の当事者は、遺言によって遺贈の意思表示を行う「遺贈者」、遺贈によって相続財産を与えられた「受遺者」、遺贈に伴う手続を行う義務を負う「遺贈義務者」である。遺贈義務者は相続人であり、たとえば不動産の遺贈が行われた場合、遺贈義務者たる相続人と受遺者が共同申請で登記を行う。ただし、不動産登記法の改正により、相続人に対する遺贈に関しては、受遺者が単独申請で登記ができることとなった。なお、受遺者は遺贈の効力が生じたときに生存していなければならず、受遺者が遺言者よりも先に死亡したときは当該遺贈は無効となる（民994条1項）。

(1)遺贈の種類

　（a）特定遺贈　　特定遺贈とは、特定の財産を遺贈の目的とし、たとえば「遺言者は、遺言者の所有する甲土地を長男Bに遺贈する」という遺言で行うものである。特定遺言の対象財産は、遺産分割の対象から除かれる。特定遺贈の効力が生じると、遺贈義務者は受遺者に対して対象財産の引渡しをしなければならない。ただし、遺言執行者がいるときは遺言執行者が対象財産の引渡しをする。

　（b）全部包括遺贈　　全部包括遺贈とは、消極財産を含めすべての相続財産を受遺者に取得させるものである。たとえば「遺言者は、遺言者が所有するすべての財産を甥Bに包括して遺贈する」という遺言で行う。全部包括遺贈がなされると、包括受遺者が単独相続した

II　遺言の内容　　105

のと同じ効力が生じる。

（ｃ）**割合的包括遺贈**　割合的包括遺贈とは、具体的財産を特定することなく、抽象的割合をもって財産を遺贈するもので、たとえば「遺言者は、遺言者の所有する財産の3分の2を内縁の妻Bに、3分の1を長男Cに遺贈する」という遺言で行う。相続人以外の者が割合的包括遺贈の対象となると、受遺者は遺贈された割合の相続分を有する相続人と同様に扱われることとなり、他の相続人や受遺者と相続財産を遺産共有することとなる。したがって、遺産共有の状態を解消するには遺産分割が必要となる。たとえば、上記の割合的包括遺贈の例で、相続財産が甲土地と乙建物だったとすると、内縁の妻Bと長男Cは、甲土地と乙建物を2対1の割合で遺産共有する。

（ｄ）**負担付遺贈**　負担付遺贈とは、受遺者に一定の行為を負担させることを内容とする遺贈のことである。たとえば「遺言者は、姪Aに対して、甲土地および乙建物を遺贈する。Aは前項の遺贈の負担として、遺言者が負担する債務のうちP銀行に対する令和○年○月○日付の借入債務（当初の元金○円）を支払わなければならない」という遺言で行う。負担付遺贈を受けた者は、遺贈の目的の価額を超えない限度においてのみ、負担した義務を履行する責任を負う（民1002条1項）。

（2）遺贈の効力

Case

ノボル弁護士は被相続人Aの相続人であるBから次のような相談を受けた。

Aの相続人は、妻B、子CとDの3人である。被相続人Aは、「甲不動産をBに遺贈する」との遺言を作成していたが、Cが法定相続分による相続登記をし、相続登記後に自己の持分を第三者Eに譲渡して登記してしまった。Bは甲不動産の権利をEから取り戻したいとのことだった。ノボル弁護士はBの代理人としてEに対し甲不動産の権利を主張できるか。

（a）**権利移転のために特別の行為が必要か**　遺贈は、遺言者の死亡によって効力を生じる（民985条1項）。遺贈の対象となる権利は、遺贈の効力発生と同時に当然に受遺者に移転する（物権的効力。大判大正5・11・8民録22輯20号8頁）。ただし、遺贈の対象となった財産が不特定物の場合は、遺贈義務者がその物を特定したときに移転の効力が生じる。

（b）**対抗要件の要否**　受遺者は、遺贈の効力が生じると物権的効力により権利を取得するが、対抗要件を具備しなければ第三者に対して対抗することができない（最判昭和39・3・6民集18巻3号437頁）。したがって、**Case** で受遺者Bは A の死亡によって甲不動産を取得できるものの、これを第三者Eに主張するためには登記が必要となる。**Case** ではEが先に所有権移転登記をしているので、原則としてEが優先することになり、BはEに所有権（Cの持分）を主張できない。

従前、登記申請は、遺言執行者があるときは遺言執行者と受遺者の共同申請で行い、遺言執行者がないときは遺贈義務者（相続人全員）と受遺者の共同申請で行うものとされていたが、不動産登記法の改正により、令和5年4月1日から、相続人である受遺者については単独申請で登記申請ができることとなった。同日以前の相続についても単独申請が可能である（不登63条3項）。また、令和6年4月1日から登記が義務化される。

（3）遺贈の放棄

遺贈の放棄は、特定遺贈と包括遺贈とで、その方式、効果が異なる。

特定遺贈の放棄は、受遺者から遺贈義務者（遺言執行者があるときは遺言執行者）に対する意思表示によってなされる。放棄の期限等については特に定めはない。特定遺贈の放棄の効力は遺言者の死亡まで遡る（民986条2項）。

包括遺贈は、受遺者が相続人以外でも相続人と同一の権利義務を有するとされていることから、その放棄は相続の放棄・承認の規定が適用される。したがって、熟慮期間、家庭裁判所での申述、遡及効、法

定単純承認等の規律は、包括遺贈の放棄の場合に適用されることとなる。

　割合的包括遺贈において、受遺者が相続人であった場合、当該受遺者が包括遺贈を放棄しても、相続人としての地位まで放棄したものではないと解されている。

（4）遺贈の無効（受贈者の先行死亡等）

　遺贈特有の無効事由で、法律が定めるのは、①遺言者の死亡以前に受遺者が死亡したとき（民994条1項）、②停止条件付きの遺贈について、受遺者がその条件の成就前に死亡したとき（同条2項）、③遺贈の目的である権利が遺言者の死亡の時において相続財産に属しなかったとき（民996条）である。

Check Point

□受遺者が遺言者よりも先に死亡したときは当該遺贈は無効となる。

□遺贈の効力が発生すると同時に対象の財産の所有権が移転するが、それを第三者に対抗するには対抗要件が必要である。

□包括遺贈の放棄には相続の放棄・承認の規定が適用されるが、特定遺贈の放棄の方式は特に定めがない。

▶ 参 考 判 例

①**大判大正5・11・8民録22輯20号8頁**　特定遺贈の目的物は、遺言者の死亡と同時に、直接受遺者に移転する。

②**最判昭和39・3・6民集18巻3号437頁**　遺贈が効力を生じた場合においても、遺贈を原因とする所有権移転登記のなされない間は、完全に排他的な権利変動を生じない。そして、民法177条が広く物権の得喪変更について登記をもって対抗要件としているところから見れば、遺贈をもってその例外とする理由はないから、遺贈の場合においても不動産の二重譲渡等における場合と同様、登記をもって物権変動の対抗要件とする。

108　第3章　遺言

2　相続分の指定

> **Ｃａｓｅ**
> 　ノボル弁護士は、被相続人Ａの相続人Ｂから次のような相談を受けた。
> 　Ｂの夫Ａは「妻Ｂの相続分を4分の3と指定する」との遺言を作成して死亡した。法定相続人は妻Ｂの他、長男Ｃ、次男Ｄがいる。ＢがＡの相続財産を取得するにはどうすればよいだろうか。

(1)意義・趣旨

　遺言を作成しようとする者は、推定相続人の年齢、職業、所有する財産、その置かれた状況等を考慮して、法定相続分ではない相続分に従って遺産分割をさせるのが相当であると考えることもある。そのようなことを想定して、民法は、遺言において共同相続人の中の一定の者の相続分について法定相続分とは異なる割合を定めることを規定した（民902条）。これが相続分の指定である。たとえば**Case**のような遺言で行う。

(2)態様と効果

　（a）**遺産分割との関係**　　相続分の指定は、それだけでは相続人に個別具体的な財産を取得させるものではない。そのため、相続分の指定だけがなされた場合には、指定された割合に従って遺産分割がなされることを予定している。

　（b）**共同相続人の一部の者のみ相続分の指定がある場合**　　**Case**では、妻Ｂのみの相続分が指定され、長男Ｃや次男Ｄの相続分の指定がない。このような場合、具体的な相続分はどのようになるのか。相続人の一部の者のみの相続分の指定がなされた場合、残りの割合を法定相続分に従って相続することになる。**Case**では、妻Ｂに指定された相続分は4分の3だから、残りの4分の1をＣとＤで分け合うことになる。この場合のＣ、Ｄの法定相続分は1対1となるから、Ｃ、

Ⅱ　遺言の内容　　109

Dの相続分はそれぞれ8分の1ずつとなる。

（c）相続分の指定により法定相続分を超える特定財産を取得した相続人は、対抗要件なくこれを第三者に主張できるか

> **Case**
> ノボル弁護士は、被相続人Aの相続人Bから次のような相談を受けた。
> Bの夫Aは「妻Bの相続分を4分の3、長男C、次男Dの相続分をそれぞれ8分の1と指定する」との遺言を作成して死亡した。相続財産は甲土地であったが、長男Cがこの土地について法定相続分で相続登記をしたうえで、自己の持分をEに譲渡し、移転登記もしてしまった。Bは甲土地の権利をEから取り戻したいとのことだった。ノボル弁護士はBの代理人としてEに対し甲土地の権利を主張できるか。

Caseで、妻Bは法定相続分を超える相続分の指定を受けたので、甲土地については遺言により指定された相続分の共有持分を取得した。しかし、相続人が法定相続分を超える相続分の指定により財産を取得した場合でもこれを第三者に主張するためには対抗要件が必要とされている（民899条の2）。したがって、**Case**の妻Bが甲土地についてその4分の3の共有持分権を第三者であるEに主張するには、対抗要件が必要である。

（d）法定相続分を下回る相続分の指定をされた相続人から法定相続分の共有持分権を譲り受けた第三者は、これを他の共同相続人に主張できるか　従来は、法定相続分を下回る相続分の指定をされた相続人が法定相続分の共有持分権を第三者に譲渡したとしても、当該相続人は指定相続分を超える部分については無権利者であるから、この者から共有持分権を譲り受けた者もこの部分については無権利と考えられていた（最判平成5・7・19判時1525号61頁）。

しかし、平成30年改正により民法899条の2で対抗要件主義が採

用されたことに伴い、無権利者からの譲受人は、対抗要件を取得することにより真の権利者に対抗できることになった。したがって、上記の最判で示された原則は変更されたことになる。その結果、**Case** で相続分の指定で 8 分の 1 の持分しか有しない長男 C から法定相続分である 4 分の 1 の甲土地の共有持分権を譲り受けた E は登記を備えれば真の権利者 B に対抗できることになり、結果として 4 分の 1 の権利を取得することができる。

（e）**債務の承継**　金銭債務について相続分の指定がなされた場合、被相続人の債権者（相続債権者）は、法定相続分に応じて権利行使ができる（民 902 条の 2）。相続債権者が指定相続分の割合による債務の承継を承認した場合には、法定相続分に応じた権利行使はできなくなる（同条ただし書）。

相続人が法定相続分の割合に従って債務の履行を行った場合、共同相続人間では指定相続分に従って求償権の行使をして清算する。前頁の **Case** では、4 分の 3 の指定相続分の妻 B が 2 分の 1 の債務の履行をし、C と D が各 4 分の 1 の法定相続分の債務の履行をした場合、C と D は B に対して求償権の行使をすることができる。

（f）**割合的「相続させる遺言」は遺産分割を予定するのか、共有取得させる趣旨なのか**

Case

　ノボル弁護士は、被相続人 A の相続人 B から次のような相談を受けた。

　B の夫 A は「妻 B に相続財産の 4 分の 3、長男 C、次男 D にそれぞれ相続財産の 8 分の 1 を相続させる」との遺言を作成して死亡した。

　ノボル弁護士が B の代理人としてこの遺言を実現するにはどうすればよいだろうか。

Case で、この遺言は、相続分の指定と解釈して遺産分割を要する

Ⅱ　遺言の内容　　111

のか、それとも特定財産承継遺言として遺産分割をすることなく、遺言に記載された割合の財産が共有されることになるのか。

　この点については見解が分かれているが、東京公証人会の実務では、「相続させる」という文言がある以上、原則としてこれを特定財産承継遺言と解釈して、遺産分割協議を経ることなく、遺言の効力発生と同時に遺言に記載された割合の物権的効力が生じ、相続人間では共有されると解している（家判30号14頁）。この見解によると、共有関係の解消は、遺産分割ではなく共有物分割の手続によることになる。

Check Point

□相続分の指定により法定相続分を超えて特定財産を取得した者がこれを第三者に対抗するには対抗要件が必要である。

□法定相続分を下回る相続分の指定をされた相続人から法定相続分の共有持分権を譲り受けた第三者は、対抗要件を具備すればこれを他の共同相続人に主張できる。

□金銭債務について相続分の指定がなされた場合、相続債権者はこれに拘束されないが、指定相続分の割合による債務の承継を承認したときは法定相続分に応じた権利行使はできなくなる。

▶ 参 考 判 例

①**最判平成5・7・19判時1525号61頁**　遺言により法定相続分を下回る相続分を指定された共同相続人の1人が、遺産を構成する特定不動産に法定相続分に応じた共同相続登記がされたことを利用し、右登記に係る自己の共有持分権を第三者に譲渡し、第三者が右持分の移転登記を受けたとしても、右第三者は右共同相続人の指定相続分に応じた持分を取得するにとどまる。なお、この判例は民法899条の2により変更された。

3 遺産分割方法の指定

(1)意義・趣旨

民法908条1項は「被相続人は、遺言で、遺産の分割の方法を定め、若しくはこれを定めることを第三者に委託」することができると定め、遺産分割方法の指定について規定する。遺言において遺産分割方法の指定がなされると、遺産分割協議、遺産分割調停、遺産分割審判の際に判断の基準となる。

(2)指定の態様と権利移転の効力

遺産分割方法の指定には、以下のようなものがある。

（a）**分割指針指定**　遺産分割の全般的な指針や抽象的な指定をするもので、それ自体で相続財産の権利移転の効力は生じない。

（b）**手段指定**　現物分割、換価分割、代償分割を指示するもので、遺産分割を別途予定するものだから権利移転の効力は生じない。

（c）**帰属指定**　個別具体的な財産の帰属先を指定しているもので、いわゆる「相続させる」遺言（特定財産承継遺言）はこの中に含まれる。遺言の効力が生じると、同時に相続財産の権利移転の効力が生じる。

（d）**清算指定**　すべての積極財産を換価して、相続債務を履行し、残りを相続人間で分配することを指定するものである。

4 特定財産承継遺言

特定財産承継遺言とは、遺産の分割の方法として特定の財産を共同相続人の1人または数人に承継させる旨の遺言であり（民1014条2項）、末尾に「相続させる」が用いられる。特定財産承継遺言がなされると、相続発生後直ちに当該相続人に相続財産の所有権が移転することになるから、遺産分割も不要になるし、対抗要件具備行為は別にするとしても、所有権移転行為は特に必要ないことになる。

今では、この特定財産承継遺言が主流となっているが、その理由は、遺贈と比べると、①受益相続人が単独で登記申請ができること（ただ

Ⅱ 遺言の内容　　113

し、令和 3 年改正により遺贈の場合も単独申請ができるようになった。不登
63 条 3 項）、②かつては登記の登録免許税が低廉であったこと（現在は
遺贈と同率の 1000 分の 4）、③農地の場合に農業委員会の許可が不要で
あること、④相続財産が賃借権である場合、賃貸人の承諾が不要であ
ることなどが挙げられる。

Case

　ノボル弁護士は、被相続人 A の相続人 B から次のような相談
を受けた。
　A の相続人は、妻 B、子 C と D の 3 人である。被相続人 A は、
「甲不動産を B に相続させる」との遺言を作成していたが、C が
法定相続分による相続登記をしてしまった。
　① B はどのような対応ができるか。
　② C が相続登記後に自己の持分を第三者 E に譲渡して登記し
た場合はどうか。

---

(1)第三者対抗要件

　平成 30 年改正により民法 899 条の 2 第 1 項は「相続による権利の
承継は、遺産の分割によるものかどうかにかかわらず、次条及び第
901 条の規定により算定した相続分を超える部分については、登記、
登録その他の対抗要件を備えなければ、第三者に対抗することができ
ない」と定め、対抗要件主義を採用した。これにより、相続を原因と
する権利変動によって利益を受ける相続人は、対抗要件を具備しなけ
れば、権利の取得を第三者に主張できないこととなった。特定財産承
継遺言の受益相続人は、対抗要件を具備しなければ第三者に対抗でき
ない。なお、法文は「相続分を超える部分については」と規定されて
いるが、相続分を超える部分についてのみ対抗要件を具備すればよい
のではなく、取得した権利全体について対抗要件を具備する必要があ
る（一問一答 162 頁）。

　（a）**不動産**　　受益相続人は、不動産の登記を単独で申請できる

114　　第 3 章　遺言

（不登 63 条 2 項）。また、特定財産承継遺言があるにもかかわらず、法定相続登記がすでになされてしまっている場合でも、受益相続人は、単独申請により更正登記をすることができる。**Case** の①については、受益相続人 B は、更正登記により自己の単独名義の登記を単独申請でできる。②については民法 899 条の 2 により受益相続人 B は、登記なくして第三者 E に対抗できないことになる。

（b）**債権**　　債権の承継の対抗要件は、民法 467 条に規定する通知（共同相続人全員の債務者に対する通知）によるのが原則であるが、共同相続人の協力が得られない場合に備えて、受益相続人の債務者に対する通知による対抗要件も認められた（民 899 条の 2 第 2 項）。この場合、通知人は遺言の内容を明らかにしなければならない。具体的には公正証書遺言の正本または謄本、自筆証書遺言の原本、検認調書の謄本に添付された遺言書の写し等の提示が必要となろう。

（c）**遺言執行者の職務との関係**　　民法 899 条の 2 により対抗要件主義が採用され、速やかな対抗要件の具備の必要性が高まったことに伴い、遺言執行者が選任されている場合には、遺言執行者には受益相続人のために対抗要件具備の権限が付与された（民 1014 条 2 項）。

（2）特定財産承継遺言の解釈

（a）法定相続分との関係

> ## Ｃａｓｅ
> 　ノボル弁護士は、被相続人 A の相続人 B から次のような相談を受けた。
> 　A の相続人は、妻 B、子 C と D の 3 人であり、相続財産は、自宅不動産（5000 万円）と預金（3000 万円）である。
> 　①A が「自宅不動産を B に相続させる」との遺言を残して死亡した場合、B は自宅不動産を取得するにあたり、他の相続人である C と D に代償金を支払わなければならないのか。
> 　②被相続人 A が「預金を全部 B に相続させる」との遺言を残していた場合、B は遺言に従って預金を取得すると、自宅不動産

Ⅱ 遺言の内容　　115

を取得することはできなくなるのか。

（ⅰ）法定相続分を超える場合　受益相続人の法定相続分を超える特定財産を相続させる旨の遺言は、遺産分割をするにあたり当該財産を当該受益相続人に取得させるという遺産分割方法の指定と当該受益相続人の相続分を法定相続分よりも増やすという相続分の指定の双方が含まれていると解するのが合理的とされている。したがって、受益相続人は法定相続分の受益分について代償金を支払うことなく、当該特定財産を取得することとなる。

Case ①で、相続財産の総額は8000万円であるから、妻Bの法定相続分2分の1で取得する財産は4000万円であるところ、同人は遺言によって5000万円相当の不動産を取得した。Bは法定相続分を上回る1000万円について他の相続人に清算することを要しない。

（ⅱ）法定相続分を下回る場合　Case ②のような遺言は、特定財産を取得させるという意思のほかに、他の財産を取得させない意思までは含まれてはいないと解するのが通常である。仮に他の財産を取得させないという意思なのであれば「預金のみをBに相続させる」という遺言にするだろうからである。このような遺言は相続分の指定を伴うものではなく、Case ②の場合、Bは残りの相続財産（自宅不動産）について法定相続分まで自己の権利を主張できる。

（b）代襲相続との関係

Case

　ノボル弁護士は、Cから次のような相談を受けた。
　Cの父はB、祖父はAであり、Aは、「長男Bに自宅不動産を相続させる」との遺言を作成していたが、Aに相続が発生する前にBが死亡した。Bの子であるCはAの相続の際に代襲相続により自宅不動産を相続することができるか。

遺言者が受遺者の代襲相続人に遺産を相続させる旨の意思を有して

いた等の特別の事情がない限り、代襲相続の効力は生じない（最判平成23・2・22民集65巻2号699頁）。

（3）特別受益との関係

> ### Case
> ノボル弁護士は、被相続人Aの相続人Bから次のような相談を受けた。
> Aの相続人は、妻B、子CとDの3人であり、相続財産は自宅不動産（5000万円）と預金（3000万円）である。被相続人Aが「預金を全部Bに相続させる」との遺言を残していた場合、残りの相続財産（自宅不動産）の遺産分割にあたりBが遺言により取得した預金は特別受益として取り扱われてしまうのか。

残余財産についての遺産分割においては、受遺者が特定財産承継遺言により承継した財産は特別受益とするのが実務である。

Caseで Bの法定相続分は 4000万円〔(5000万円＋3000万円)÷2＝4000万円〕である。Bは 3000万円の預金を特定財産承継遺言で取得したから、この部分が特別受益となり、その結果残りの相続財産である自宅不動産の遺産分割協議の際に 1000万円分について加わることができる。

Check Point

☐特定財産承継遺言が効力を生じることにより財産が移転するが、受益相続人が第三者に対抗するには対抗要件が必要である。

☐受益相続人は単独で不動産登記申請や債権譲渡通知発出ができる。

☐法定相続分を超える財産の受益相続人は法定相続分の受益分について代償金を支払うことなく、当該特定財産を取得でき

Ⅱ 遺言の内容　117

る。

□受益相続人が遺言者の死亡前に死亡した場合、原則として代襲相続の効力は生じない。

□一部の財産についてのみ特定財産承継遺言がなされた場合、残りの財産につきなされる遺産分割において特定財産承継遺言により取得した財産は特別受益となる。

▶ 参 考 判 例

①**最判平成 23・2・22 民集 65 巻 2 号 699 頁**　遺産を特定の推定相続人に単独で相続させる旨の遺産分割の方法を指定する「相続させる」旨の遺言は、当該遺言により遺産を相続させるものとされた推定相続人が遺言者の死亡以前に死亡した場合には、当該「相続させる」旨の遺言に係る条項と遺言書の他の記載との関係、遺言書作成当時の事情および遺言者の置かれていた状況などから、遺言者が、上記の場合には、当該推定相続人の代襲者その他の者に遺産を相続させる旨の意思を有していたとみるべき特段の事情のない限り、その効力を生ずることはない。

◀ コラム ▶ 遺言の対象事項と死後事務委任

　最近、弁護士が高齢者との間で死後事務委任契約を締結するケースが増えています。死後事務委任契約とは、一般に、委任者が受任者に、自己の死後の事務を生前に依頼する契約をいいます。死後事務委任契約を締結する背景には、遺言の対象事項が限られているという点を指摘できます。遺言の対象事項となるのは、遺産分割方法の指定、遺贈、相続分の指定、相続人の廃除・廃除の取消し、認知など法律で定まった事項に限られます。それ以外のもの、たとえば、生前の医療の支払事務、賃借していた建物の家賃の支払いや敷金等の受領、老人ホームの利用料の支払いや返還される保証金の受領、社会保険の届出、葬儀や埋葬に関する事項、お墓や供養に関する事項などは、付言事項として遺言に記載することはできますが、法的拘束力は生じないとされています。そのため、遺言の対象事項とな

らない事項について、信頼できる受任者に生前に委任し、確実に履行してもらうために死後事務委任契約を結ぶわけです。

　ところで、民法653条1号は委任者の死亡を委任契約の終了事由としていることから、死後事務委任契約も委任者の死亡により終了し、効力が生じないのではないかが問題となります。この点、最判平成4・9・22金法1358号55頁は、委任者が、受任者に対し、入院中の諸費用の病院への支払い、自己の死後の葬式を含む法要の施行とその費用の支払い、入院中に世話になった家政婦や友人に対する応分の謝礼金の支払いを依頼する委任契約は、当然委任者の死亡によっても契約を終了させない旨の合意を包含する趣旨のものであり、民法653条の法意はこの合意の効力を否定するものではないと判示しました。また、東京高判平成21・12・21判タ1328号134頁は、死後事務委任契約に関し、委任者が死亡した後、委任者の相続人が民法651条1項により契約解除することについて、その契約の内容に不明確性や実現困難性があり、履行負担が加重であるなど契約の履行が不合理と認められる特段の事情がない限り、解除して終了させることができないとしています。このように死後事務委任契約は、内容の不明確性、実現困難性、履行の不合理性がなければ、判例上も認められているものですが、受任者の履行の期間が長くなれば、相続人をその分拘束することになる面も有しています。死後事務委任契約については、これらの点を留意しながら活用していくことが求められます。　　　　　　　　　　　　　　［市川　充］

5　死因贈与

　遺言の内容ではないが、遺贈と類似する死因贈与について簡単に触れておく。

(1)意義

　死因贈与とは、贈与者の死亡を原因に効力が生じる贈与契約である。贈与者の死亡によって無償で財産の移転がなされるので、遺贈に類似する。

Ⅱ　遺言の内容　　119

（2）遺贈との違い等

　遺贈が単独行為であるのに対して死因贈与は契約である。そのため、遺贈は受遺者が遺贈を放棄できるのに対し、死因贈与では受贈者は契約に拘束されるため、放棄はできない。

　遺贈が遺言によらなければならないという点で要式行為であるのに対して、死因贈与は要式行為ではなく、口頭での死因贈与も可能である。

　遺贈は15歳以上であればできるが、死因贈与の場合は未成年者について制限があり、単独でできるのは18歳以上である。

　不動産の登録免許税や不動産取得税は、死因贈与に比べ、遺贈（法定相続人の場合）の方が有利である。遺贈は、不動産の特定遺贈については登録免許税が法定相続人については不動産価格の0.4％、法定相続人以外については2％であるのに対し、死因贈与は一律に2％である。不動産取得税については、遺贈の場合、法定相続人については課税されないのに対し、死因贈与の場合は4％である。

　そのほか、生前贈与は書面による贈与は撤回ができないのに対し、死因贈与は遺贈の規定が準用されるため、書面による死因贈与であっても撤回は原則可能である。

第 **4** 章

遺留分

第4章 ● 遺留分

Ⅰ…遺留分制度

なぜ遺留分制度が設けられているのか

遺留分制度は、被相続人の相続財産の一部を承継することを一定の相続人に保障する制度である。被相続人は、自己の財産を自由に処分できるはずであるが、遺留分制度はこれに例外を認める制度である。その趣旨は、遺族の生活保障や遺産形成への貢献による潜在的持分と説明される。

他方で、高齢化社会においては相続人が経済的に独立しており相続の時点において生活保障の必要性が乏しいことも多く、あるいは核家族化が進んだ現代社会では相続人による遺産形成への貢献度も高くはないという点から、従来から説かれてきた制度趣旨では必ずしも十分に説明できないのではないかという指摘もある。

1 遺留分権利者と遺留分割合

遺留分権利者は、兄弟姉妹以外の相続人である。子の代襲相続人を含む。遺留分割合は、直系尊属のみが相続人である場合は3分の1、それ以外は2分の1である（民1042条）。

2 遺留分の放棄

相続開始前に遺留分権利者が遺留分の放棄をするには、家庭裁判所の許可が必要である（民1049条1項）。遺留分権利者が被相続人や他の相続人からの圧力により自己の意思に反して遺留分放棄をさせられるのを防止する趣旨である。

遺留分の放棄が許可されると、遺留分を侵害する遺言や贈与がなされても遺留分権利者は遺留分侵害額請求ができなくなる。遺留分の放

122　第4章　遺留分

棄をしても相続を放棄したことにはならないから、遺産分割がなされる場合は、相続人としてこれに加わることができる。

Check Point

□遺留分権利者は兄弟姉妹を除く相続人であり、遺留分割合は直系尊属のみが相続人である場合が３分の１、それ以外が２分の１である。

□相続開始前の遺留分の放棄は家庭裁判所の許可を要する。

第4章 ● 遺留分

II···遺留分侵害額請求

1 遺留分侵害となる法律行為

遺留分の侵害となる法律行為は、被相続人の遺言によってなされる遺贈、相続分の指定、遺産分割方法の指定（特定財産承継遺言）により、遺留分権利者の遺留分が侵害されたときに生じる。

また、遺言によらなくとも、生前贈与は遺留分の侵害行為となる。生前贈与が特別受益に当たる場合で、被相続人が持戻し免除の意思表示をした場合も、遺留分侵害となる（最決平成24・1・26集民239号635頁）。負担付贈与（民1045条1項）や不相当な対価でなされた有償譲渡も遺留分侵害行為となる（同条2項）。被相続人が別の者の相続人であった場合に、生前に相続人として相続分を無償で譲渡したときも遺留分侵害行為となる（最判平成30・10・19民集72巻5号900頁）。

これらの遺留分侵害行為は、遺留分算定の際の基礎財産の算定で加算される（後述127頁）。

2 遺留分侵害額請求の方法

(1)意思表示

遺留分侵害額請求権は、形成権であるので意思表示の方法によって行使される。この場合、侵害額の具体的金額を示す必要はない（一問一答124頁）。また、訴えによる必要もない。

遺留分侵害額請求にかかる裁判手続は、次に述べるとおり家庭裁判所の調停を経ることとなるが、遺留分侵害額請求の意思表示は家庭裁判所の調停申立書では足りない。地方裁判所の訴訟手続とは異なり、家庭裁判所の調停の申立てがあっても、申立書は厳密な送達手続がとられるものではないため、遺留分権利者の意思表示が相手方に到達し

124 第4章 遺留分

たかどうかが判然としないことがあるからである。遺留分侵害額請求には1年の消滅時効があるため、時効にかかることがないよう、内容証明郵便にて明確に意思表示をなすべきである（片岡598頁）。

（2）調停前置

遺留分侵害額請求にかかる紛争を任意での話合いで解決できない場合、裁判手続を利用することになる。遺留分侵害額請求はいったん意思表示をすれば金銭請求権になるから、給付訴訟を地方裁判所に提訴すればよいかに見える。しかし、遺留分をめぐる紛争は、相続に関するものであるから「家庭に関する事件」となり、家庭裁判所の調停事項となる（家事244条）。そして、調停前置主義により、遺留分侵害額請求はまずは家事調停を経なければならない（家事257条1項）。

家庭裁判所での調停がまとまらず、不成立となった場合は、遺留分侵害額請求により生じた金銭債務の履行を求めて地方裁判所に提訴することとなる。この場合の訴訟物は金銭給付請求権であり、遺留分侵害額請求そのものではない。

（3）遺言無効の主張と遺留分の主張

遺贈や特定財産承継遺言等で遺留分が侵害された者は、遺留分侵害額請求だけでなく、遺言自体が無効であると主張することもしばしばある。その場合、まず遺言無効の訴えを提起することもある。この場合に注意すべきは、遺留分侵害額請求についての意思表示を別途しておかないと消滅時効にかかるおそれがあるということである。

また、遺言無効を主位的に主張し、遺留分侵害額請求を予備的に主張するという争い方もある。このような争い方が原告の戦略として適切であるかは議論があるところであるが、要するにケースバイケースで考えるほかない。遺言者の遺言能力にかなり問題があることが明らかなケースの場合は、遺言無効一本でいった方がよい場合もあろう。たしかに、1回の訴訟で解決するという点で主位的請求、予備的請求の2つの請求をすることが効率的であると考えることもできるし、遺言無効の方が遺留分侵害額請求よりも多くの財産を獲得できるので、

当事者の可能性を確保しておくメリットはある。しかし、反対に遺言無効が認められる可能性が高くないのに、両者の請求をすることは訴訟を遅延させ、当事者および代理人の負担が増すだけということもあり得る。どのような争い方をするかの判断は必ずしも容易ではない。

Check Point

□遺留分侵害となるのは遺言によるもの、贈与によるもの等がある。

□遺留分侵害額請求の意思表示により金銭請求権が生じる。

□裁判手続による場合は家庭裁判所の調停前置主義がとられる。

□遺言無効を主位的に、遺留分侵害額請求を予備的に、という戦略は事案により検討すべきである。

▶ 参 考 判 例

①**最決平成 24・1・26 集民 239 号 635 頁** 特別受益に当たる贈与についてされた当該贈与に係る財産の価額を相続財産に算入することを要しない旨の被相続人の意思表示が遺留分減殺請求により減殺された場合、当該贈与に係る財産の価額は、上記意思表示が遺留分を侵害する限度で、遺留分権利者である相続人の相続分に加算され、当該贈与を受けた相続人の相続分から控除される。

②**最判平成 30・10・19 民集 72 巻 5 号 900 頁** 共同相続人間においてされた無償による相続分の譲渡は、譲渡に係る相続分に含まれる積極財産および消極財産の価額等を考慮して算定した当該相続分に財産的価値があるとはいえない場合を除き、上記譲渡をした者の相続において、民法 903 条 1 項に規定する「贈与」に当たる。

第4章 ● 遺留分

III…遺留分侵害額の算定

1 基礎財産

> **Case**
> 　ノボル弁護士は、被相続人 A の相続人 D から次のような相談
> を受けた。
> 　A の相続人は、妻 B、子 C と D の 4 人であり、相続財産は、
> 自宅不動産（5000 万円）と預金（3000 万円）であり、その他、住
> 宅ローンが 2000 万円残っていた。被相続人 A は、「自宅不動産
> は B に、預金はすべて C に相続させる」という遺言を残してい
> た。また、被相続人 A は、亡くなる 3 年前に D に対しその生活
> の補助として自宅隣の離れの建物（譲渡時点での評価額 1000 万円）
> を生前贈与し、亡くなる 10 か月前に知人 E に対して非上場株式
> （評価額 3000 万円）を 300 万円で売却していた。なお、離れの建
> 物は相続時の評価額は 500 万円であった。D は遺留分侵害額請
> 求ができるか。

(1)算定方法

　遺留分を算定するには、まずは分配の元となるパイの大きさを算定
しなければならない。このパイを基礎財産と呼ぶものとする。基礎財
産の算定方法について、民法 1043 条 1 項は「遺留分を算定するため
の財産の価額は、被相続人が相続開始の時において有した財産の価額
にその贈与した財産の価額を加えた額から債務の全額を控除した額と
する」と規定する。ここでいう贈与は原則として相続開始から 1 年
以内のものに限るが（民 1044 条 1 項）、相続人に対する贈与であって、
婚姻もしくは養子縁組のためまたは生計の資本として受けた贈与につ
いては、10 年以内のものまで含まれる（同条 3 項）。

III　遺留分侵害額の算定　　127

これを算式で表すと以下のとおりである。

（a）算定式

基礎財産＝相続開始時の積極財産

　　　　　＋相続人以外の者に対する生前贈与（1 年以内のもの）

　　　　　＋相続人に対する生前贈与（10 年以内のもの）

　　　　　－債務

（b）**相続開始時の積極財産**　　遺留分侵害額を算定するための基礎財産を算定する出発点は、相続開始時に被相続人が所有していた相続財産のうち積極財産である。**Case** では、自宅不動産（5000 万円）と預金（3000 万円）が相続開始時の積極財産となる。

（c）**贈与財産の加算**

　（ⅰ）**基礎財産に加算される贈与**　　基礎財産に加算される贈与は、原則として相続開始から 1 年以内のものであるが、当事者双方が遺留分権利者に損害を加えることを知って贈与をしたものについては 1 年以内のものに限定されない（民 1044 条 1 項後段）。

　1 年の算定は、贈与契約の締結の時点が基準となる。

　（ⅱ）**相続人に対する贈与**　　相続人に対する贈与については、それが特別受益に該当する場合（婚姻もしくは養子縁組のためまたは生計の資本として受けた贈与）には、相続開始時の 10 年前のものまで基礎財産に加算される。

　Case の被相続人 A の子 D に対する離れの建物の贈与は、それが特別受益であれば基礎財産に加算される。

　（ⅲ）**特別受益の持戻し免除**　　被相続人の特別受益の持戻し免除の意思表示がある場合であっても、その贈与は基礎財産に加えられる（前掲最決平成 24・1・26）。

　（ⅳ）**負担付贈与**　　負担付贈与は、贈与の目的物から負担の価額を控除した額が基礎財産に加算される（民 1045 条 1 項）。不相当な対価での有償行為は、当事者双方が遺留分権利者に損害を加えることを知ってしたものに限り、当該対価を負担の価額とする負担付贈与と

みなされる（同条2項）。

Case では評価額 3000 万円の株式を 300 万円で売却しており、被相続人 A と譲受人 E が不相当な価額であることを知っていれば不相当な対価での有償譲渡となる。この場合は評価額 3000 万円と実際の対価 300 万円の差額である 2700 万円が基礎財産に加算されることになる。

（ⅴ）相続分の無償譲渡　　被相続人が生前別の者の相続人としてその相続分を譲渡した場合も、基礎財産に加算されるべき贈与となる（前掲最判平成30・10・19）。たとえば、A がその妻 B の相続により取得した相続分（全体の相続財産が 2000 万円の場合は法定相続分 2 分の 1 とすると 1000 万円）を長男 C に無償で譲渡していた場合、A の相続にあたり次男 D が長男 C に対して遺留分侵害額請求をするときは、基礎財産にこの 1000 万円を加算することになる。

（ｄ）債務（相続開始時の消極財産）　　基礎財産は、相続財産の正味財産を基礎にする。そのため、相続財産のうち積極財産のみではなく、消極財産である債務の額も当然に反映されなければならない。消極財産は、積極財産から控除される。Case では消極財産である住宅ローン 2000 万円が控除される。

消極財産に保証債務のような偶発債務は原則として含まれない。主債務者が無資力で、保証人の求償権が履行されないことが明らかであるような場合に例外的に消極財産とされる（東京高判平成8・11・7判時1637号31頁）。

（2）基礎財産の評価の基準時

基礎財産の評価の基準時は、相続開始時である。Case で被相続人 A が子 D に贈与した離れの建物は譲渡時には 1000 万円であったが、相続開始時には 500 万円となっていたので、基礎財産として加算されるのは 500 万円ということになる。

（3）基礎財産のまとめ（Case の基礎財産の算定方法）

以上を前提に Case の基礎財産を算定すると、以下のとおりとなる。

基礎財産＝相続開始時の積極財産（5000万円＋3000万円）

　　　　　＋相続人以外の者に対する生前贈与（3000万円－300万円）

　　　　　＋相続人に対する生前贈与（500万円）

　　　　　－債務（2000万円）＝9200万円

2　遺留分侵害額の算定

(1)算定式

　遺留分権利者が被相続人の財産（遺産に限らず生前贈与等した財産を含む。上記の基礎財産に該当するもの）から遺留分に相当する財産を受け取ることができない場合に、その不足額が遺留分侵害額となる。

　遺留分侵害額の算出は次のとおり行う。

①まず遺留分の基礎財産を基準に遺留分額を算定する（基礎財産×法定相続分×遺留分率）。

②次に遺留分権利者が贈与、遺贈等で取得した財産の額を遺留分額から差し引きして、遺留分の不足額である遺留分侵害額を算出する。

③遺産分割の対象となる財産が残っている場合には、遺留分権利者が遺産分割において取得すべき財産の価額を遺留分額から控除する。

④被相続人に債務があり相続人がこれを承継する場合は、遺留分権利者もこれを負担することになるため、遺留分権利者の負担額を加算する。

　算定式としては以下のとおりとなる。

遺留分額（①）＝基礎財産×法定相続分×遺留分率

遺留分侵害額＝遺留分額（①）

　　　　　　　　－贈与・遺贈で受けた額（②）

　　　　　　　　－遺産分割で分割される財産の価額×法定相続分（③）

　　　　　　　　＋相続債務のうち負担する額（④）

（2）具体例1

Case は、相続人が妻 B と子 C と D で、D は相続時の評価額 500 万円の建物の生前贈与を受けており、相続債務は全体で 2000 万円あったという例である。基礎財産は 9200 万円であった。D の遺留分侵害額を算出するにあたり、まず遺留分額を算出すると次のとおりである。

遺留分額＝9200 万円×1/4×1/2＝1150 万円

これを前提に遺留分侵害額を算出すると、

遺留分侵害額＝1150 万円

－500 万円（生前贈与）

＋2000 万円（相続債務）×1/4（法定相続分）

＝1150 万円

となり、遺留分侵害額は 1150 万円となる。

（3）具体例2

Ｃａｓｅ

ノボル弁護士は、被相続人 A の相続人 D から次のような相談を受けた。

A の相続人は、妻 B、子 C と D の 4 人であり、相続財産は、自宅不動産（5000 万円）と預金（3000 万円）であり、その他、住宅ローンが 2000 万円残っていた。被相続人 A は、「自宅不動産は B に、預金のうち 2000 万円を C に相続させる」という遺言を残していた。D は A の生前に生活費の補助として 200 万円の贈与を受けていた。D の遺留分侵害額はどのように算出されるか。

基礎財産＝5000 万円＋3000 万円（相続時の積極財産）

＋200 万円（生前贈与）

－2000 万円（債務）

＝6200 万円

D の遺留分額＝6200 万円×1/4×1/2＝775 万円

Case では預金 3000 万円のうち 2000 万円しか遺言で書かれておらず、残りの 1000 万円については遺産分割をすることになる。したがって、遺留分侵害額を算出するにあたってはこの分の D の法定相続分も考慮することになる。

$$
\begin{aligned}
D の遺留分侵害額 =\ & 775 万円 \\
& -200 万円（生前贈与） \\
& -1000 万円 \times 1/4（遺産分割の対象となる財産の \\
& \quad 法定相続分） \\
& +2000 万円 \times 1/4（相続債務の D 負担分） \\
=\ & 825 万円
\end{aligned}
$$

D の遺留分侵害額は 825 万円となる。

Check Point

□基礎財産＝相続開始時の財産＋贈与－債務。

□基礎財産に加算する贈与は原則 1 年以内のもので、相続人への特別受益は 10 年以内のもの。

□基礎財産の評価の基準時は相続開始時である。

□遺留分額＝基礎財産×法定相続分×遺留分率。

□遺留分侵害額は遺留分額と贈与・遺贈等で取得した財産の額を差し引きして算出する。

▶ 参 考 判 例

①**最判平成 30・10・19 民集 72 巻 5 号 900 頁**　共同相続人間においてされた無償による相続分の譲渡は、譲渡に係る相続分に含まれる積極財産および消極財産の価額等を考慮して算定した当該相続分に財産的価値があるとはいえない場合を除き、上記譲渡をした者の相続において、民法 903 条 1 項に規定する「贈与」に当たる。

②**東京高判平成 8・11・7 判時 1637 号 31 頁**　保証債務は、主たる債務者が弁済不能の状態にあるため保証人がその債務を履行しなければならず、かつ、その履行による出捐を主たる債務者に求償しても返還を受けられる見込みがないような特段の事情が存する場合でない限り、民法 1029 条にいう「債務」には含まれない。

第 4 章　遺留分

第4章 ● 遺留分

IV …遺留分侵害額請求のその他の問題

1 遺留分侵害額請求の相手方の負担

(1)受遺者、受贈者の負担の上限

　遺留分権利者が遺留分侵害額請求をする相手方は受遺者（遺贈を受けた者のほか、特定財産承継遺言による財産の承継または相続分の指定による遺産を取得した者を含む）や受贈者（贈与により財産を取得した者で遺留分の基礎財産を算定する際に加算される者）である。受遺者や受贈者は、遺言や贈与によって財産を取得した限度で遺留分侵害額を負担する（民1047条1項）。遺留分を侵害する財産を取得した者であっても自己が取得した財産以上の負担をする理由はないからである。

　受遺者や受贈者が相続人である場合の遺留分侵害額の負担は、遺言や贈与によって取得した財産から自己の遺留分額を控除した額が上限となる（同項）。相続人である受遺者や受贈者は自己の遺留分額以上の財産を負担すれば、この者の遺留分が侵害されてしまうからである。

(2)受遺者、受贈者の負担の順序

　受遺者と受贈者がいる場合の負担の順序は、受遺者が先に負担する（同項1号）。

(3)複数の受遺者がいるときの負担割合

　受遺者が複数いる場合の負担割合は、遺言によって取得した財産の価額に応じて遺留分侵害額を負担する（同項2号）。

(4)具体例：Case の場合（127頁）

　Case は、次のような事案であった。

　受遺者B（妻）の取得した財産：自宅不動産5000万円

　受遺者C（子）の取得した財産：預金3000万円

　受贈者Eの取得した財産：株式2700万円の贈与

IV　遺留分侵害額請求のその他の問題　　133

相続債務：全体で 2000 万円

遺留分権者 D の遺留分侵害額：1150 万円

受遺者 B（妻）の遺留分と取得した財産は、

    遺留分＝基礎財産×法定相続分×遺留分率

        ＝9200 万円×1/2×1/2＝2300 万円

    取得した財産＝自宅不動産−相続債務

         ＝5000 万円−（2000 万円×1/2）＝4000 万円

受遺者 C（子）の遺留分と取得した財産は、

    遺留分＝基礎財産×法定相続分×遺留分率

        ＝9200 万円×1/4×1/2＝1150 万円

    取得した財産＝預金−相続債務

         ＝3000 万円−（2000 万円×1/4）＝2500 万円

受遺者である B と C が先に負担することになり、両者が取得した財産の按分となる。

    B の負担額

    1150 万円×4000 万円/（4000 万円＋2500 万円）＝707 万 6923 円

    C の負担額

    1150 万円×2500 万円/（4000 万円＋2500 万円）＝442 万 3077 円

B および C の上記負担額は、いずれも B および C の遺留分を上回るものではないから、B、C はそれぞれこの額を負担する。B と C の負担額の範囲内に収まったので受贈者 E の負担額はなくなるものと解される。

（5）受遺者等が債務を消滅させた場合の遺留分権利者への消滅請求

受遺者や受贈者が相続債務を弁済等により消滅させた場合に、遺留分権利者から遺留分侵害額請求を受けたときには、受遺者や受贈者は遺留分権利者の求償権を行使でき、これを相殺に供することができる。民法 1047 条 3 項は、この受遺者や受贈者の求償権の行使をさらに広げた。すなわち、遺留分侵害額請求を受けた受遺者・受贈者は、遺留分権利者承継債務（遺留分権利者が承継すべき債務）を消滅させたときは、

134　　第 4 章　遺留分

消滅した債務の額の限度において、遺留分権利者に対する意思表示によって遺留分侵害額請求にかかる債務を消滅させることができる。

Case の例で B が相続債務 2000 万円を弁済した場合、B は D から遺留分侵害額請求を受けたときは、D が負担すべき相続債務 500 万円について遺留分侵害額請求を減額させることができる。

2 裁判所による期限の許与
(1)意義と趣旨
遺留分侵害額請求を受けた者は、裁判所に対し、金銭債務の支払いにつき期限の猶予を請求することができる（民 1047 条 5 項）。これは受遺者・受贈者が遺留分権利者から請求を受けたときから遅延損害金の支払義務を負うとなると、酷になる場合を配慮したものである。
(2)方法
期限の許与の請求は、訴訟で遺留分侵害に基づく金銭請求を受けた場合には、当該訴訟においてなされる。抗弁事由なのか、反訴を要するのかについては実務が定着しているものではない。

訴訟外で遺留分侵害に基づく金銭請求を受けた場合には、期限の許与の請求を裁判所に訴えを提起して行う（一問一答 127 頁）。
(3)効果
裁判所が期限の許与をしたときは、許与された全部または一部の債務について弁済期が指定されることになる。受遺者・受贈者は、弁済期が経過するまでは履行遅滞とはならず、遅延損害金の支払義務も生じない。

3 遺留分侵害額請求の期間の制限
(1)消滅時効
遺留分侵害額請求は、遺留分権利者が、相続の開始および遺留分を侵害する贈与または遺贈があったことを知った時から 1 年間行使しないときは、時効によって消滅する（民 1048 条前段）。

IV 遺留分侵害額請求のその他の問題 135

ここで「相続の開始及び遺留分を侵害する贈与又は遺贈があったことを知った時」の意義については、平成30年改正前の民法1042条の「減殺すべき贈与又は遺贈のあったことを知った時」に関する判例が参考となる。すなわち、最判昭和57・11・12民集36巻11号2193頁は、遺留分権利者が単に被相続人の財産の贈与または遺贈があったことを知っただけでは足りず、それが減殺し得べきものであることも知る必要があると解している。改正後の民法1048条前段に引き直すと、「贈与や遺贈が遺留分額を侵害し得ることを知った時」ということになろう。

さらにこの判例は、被相続人の財産のほとんど全部が贈与されていて遺留分権利者がこの事実を認識している場合においては、特段の事情がない限りは、この贈与が減殺することのできるものであることを知っていたものと推認するのが相当であると判示している。

消滅時効の対象となるのは、遺留分侵害額請求という形成権を行使する権利である。知った時から1年経過すると、遺留分侵害額請求の意思表示をする権利が時効にかかるということである。いったん遺留分侵害額請求の意思表示をすると、金銭給付請求権が発生することになる。この金銭給付請求権はその後5年の経過により消滅時効にかかることとなる。なお、遺留分侵害額請求は、必ずしも金額を明示して請求することまでは要しない。この場合、金銭請求権は期限の定めのない債務となる。その後、遺留分権利者が具体的な金額を明示して請求をすることにより、相手方は履行遅滞に陥る（民412条3項）。遺留分侵害額請求を具体的金銭請求をもって行うことも可能であり、この場合には当該請求により、相手方は履行遅滞に陥るし、5年の消滅時効の起算点もこの時点となる。

（2）除斥期間

遺留分侵害額請求は、相続開始の時から10年を経過したときも消滅する（民1048条後段）。これは除斥期間の満了によるとされている（一問一答124頁）。

Check Point

□受遺者や受贈者は、遺言や贈与によって財産を取得した限度で遺留分侵害額を負担する。

□受遺者と受贈者がいる場合の負担の順序は、受遺者が先に負担する。

□受遺者が複数いる場合の負担割合は、取得した財産の価額で按分する。

□受遺者等が債務を消滅させた場合、遺留分侵害額請求にかかる債務を消滅させることができる。

□遺留分侵害額請求を受けた者は、裁判所に対し、金銭債務の支払いにつき期限の猶予を請求することができる。

□遺留分侵害額請求の消滅時効は1年、除斥期間は10年である。

▶ 参考判例

①**最判昭和57・11・12民集36巻11号2193頁** 民法1042条にいう減殺すべき贈与があったことを知った時とは、贈与の事実およびこれが減殺できるものであることを知った時をいう。遺留分権利者が、減殺すべき贈与の無効を訴訟上主張していても、被相続人の財産のほとんど全部が贈与されたことを認識していたときは、その無効を信じていたため遺留分減殺請求権を行使しなかったことにもっともと認められる特段の事情のない限り、右贈与が減殺することができるものであることを知っていたと推認するのが相当である。

第 **5** 章

遺産分割方法

第5章 ● 遺産分割方法

I…**手続選択**

1 遺産分割の手順

　相続などまだ先と思っていても突然に逝去する相続人は少なくない。そのような時、残された相続人は一体何からどうすれば良いか分からず、弁護士に相談することもある。この場合に、弁護士はまず相続人の1人である相談者に対し、遺言書の有無を確認し（第3章参照）、遺言書がない場合には、最終的には遺産分割をまとめるために必要な手順をアドバイスすることとなる。遺産分割は合意によることも調停によることも審判によることも可能であるが、いずれにせよ必要な調査や手続は共通していることから、家庭裁判所の調停の段階的進行モデルをもとに流れを説明し、ヒアリングを行い、どのような資料や手続が必要かを確認していくこととなる。本項では、遺産分割の手順について、家庭裁判所が公表している調停での段階的進行モデルを前提に弁護士として事前にヒアリングしておくべき事項などを確認する。

> **Ｃａｓｅ**
> 　ノボル弁護士は、顧問先社長から、元気だと思っていた父親が70歳で急死したとの相談を受けた。まだ相続などは先のことだと思っていたため、財産がどれくらいあるのか、何をすれば良いのか全く分からず、また、相続人である兄弟とは連絡すら取り合っていない状況であり、一体何からどうしたらよいかと漠然とした相談であった。ノボル弁護士はどのような対応をすべきか。

（1）調停での段階的進行モデル

　遺産分割調停においては、段階的進行モデルが採用されており、以下の（a）から（e）の順番に進行する。仮に先に（c）について先に

140　　第5章　遺産分割方法

遺産分割調停の進め方

東京家庭裁判所家事第5部

① **相続人の範囲**
誰が相続人かを確認します。
（注）戸籍が事実と異なるなど相続人の範囲に問題がある場合には，人事訴訟等の手続きが必要です。なお，相続人の中に認知症などで判断能力に問題がある方がいる場合には，成年後見等の手続きが必要です。

合意

② **遺産の範囲**
原則として，被相続人が亡くなった時点で所有していて，現在も存在するものが，遺産分割の対象となる遺産であり，その範囲を確定します。
（注）遺言書や遺産分割協議書で分け方が決まっている財産は，遺産分割の対象になりません。誰かが遺産を隠したり，勝手に使ってしまったという場合には，遺産分割以外の手続きが必要な場合があります。

合意

③ **遺産の評価**
遺産分割の対象となる遺産のうち，不動産等の評価額を確認します。

合意できない → 鑑定が必要です。鑑定費用は相続人の方にあらかじめ納めていただきます。

合意

④ **各相続人の取得額**
②で確認し，③で評価した遺産について，法定相続分に基づいて各相続人の取得額が決まります。ただし，法律の条件を満たす特別受益や寄与分が認められる場合には，それらを考慮して各相続人の取得額を修正します。

⑤ **遺産の分割方法**
④の取得額に基づいて，各相続人に分割します。
遺産の分割方法には，現物分割（その物を分けること），代償分割（物を分けるが，差額を金銭で調整すること），換価分割（売却して金銭を分配すること）などがあります。

合意

調停成立

（東京家庭裁判所HP (https://www.courts.go.jp/tokyo-f/vc-files/tokyo-f/file2/isanbunkatu_no_susumekata.pdf) から引用）

決めたいと当事者が話しても、(a)(b)を決めない限り、協議の蒸し返しが起こるため、原則としてこれを認めない。たとえば、自身が相続人であると主張する者が認知手続を行っているのに、遺産の範囲を確定させてその評価を行っても、相続人が1人増えた後、当該相続人が遺産の範囲や評価に疑義を呈した場合は、一から協議をやり直すこととなり、完全に蒸し返しになるからである。

　（a）相続人の範囲を確定する　　相続人の範囲については、第1章 I 1 参照。相続人の範囲を確定させ、相続人関係図の作成を行う。相続人関係図については、法務局にて法定相続情報を取得することも検討する（第1章 I 1 **(3)**）。

　（b）遺産の範囲および遺産に付随する法律関係を確定する　　相続財産として何があるのかの調査（本章 I 2 **(1)**参照）を行う。また、遺産の範囲を確定するにあたって、相続開始前の事象や相続発生後の事象として関連事実がないかも確認をする。被相続人の相続財産を管理している者の相続財産の費消（被相続人の該当者に対する不当利得返還請求権等）、相続発生後の相続財産の費消（葬儀費用なども含む）などについても整理する。遺言書がある場合や、遺産分割協議がすでになされているような場合でも、その効力や内容に疑義がある場合にはここで整理する。なお、生前贈与による特別受益の検討や相続人の寄与分の主張は相続財産確定後に評価する事象であるため、この段階ではまだ整理しない。

　（c）遺産を評価する　　相続財産の範囲が確定した場合に、当該相続財産の価値を確定することとなる。不動産や動産、株式その他預金・現金以外の財産を金銭評価する。遺産の評価方法については、第2章 **II** 参照。

　（d）特別受益・寄与分を確定する　　特別受益については第1章 **III**、寄与分については第1章 **IV** 参照。なお、寄与分とは別に相続人以外の者が主張する特別寄与分の請求については、遺産分割の協議とは別に検討する（ただし、調停手続においては併合されて同時に検討され

ることもある）。

（ｅ）遺産の分割方法を確定する　（ａ）から（ｄ）についてすべて確定した後、だれがどのように遺産を相続するかを検討する。この時点で遺産分割方法として配偶者居住権（第2章**III**）を主張して、分割方法について検討することも考えられる。

> ### Check Point
>
> □遺産分割協議においては、調停手続の流れを意識してヒアリングする。
> □遺産分割協議において解決できない事象についてもヒアリングを行う。

（2）手続選択を見据えて遺産分割協議成立の筋道を立てる

　遺産分割協議に向けて必要な事項のヒアリングの後、遺産分割協議に向けて必要な手続は何かを検討する必要がある。相続人全員が合意して解決するのであれば何ら問題はないが、仮に相続人の中で争いがあり、合意によっては解決できないものがある場合、どのような手続によって解決すべきかを検討する。当事者の主張を類型化し、その主張の内容によりどういった手続が想定されうるかをあらかじめ整理しておくことが必要である（片岡68頁の表参照）。

　（ａ）遺産分割の前提問題に関する主張　相続人の範囲、相続財産の帰属、遺言書の効力または解釈、遺産分割協議の効力または解釈、遺産の帰属についての主張などが考えられる。これらについて争いがあり、協議による解決が困難な場合には、別手続を検討する。

　　（ⅰ）相続人の範囲　相続人の範囲にかかる訴訟として親子関係存否確認の訴え、認知の訴え、離婚無効確認の訴え、養子縁組無効確認の訴え、相続権の存否確認の訴え、相続欠格事由の存否確認の訴えなどが考えられる。

Ⅰ　手続選択　　143

（ⅱ）**遺言の効力**　　遺言の方式違反、遺言の偽造、遺言者の遺言能力の欠如や公序良俗違反、遺言者の錯誤などを理由として、遺言書が無効であると主張する場合、遺言無効確認の訴えを検討する。遺言の効力が争われている場合に、相続人の1人が遺言の有効を前提とした預金債権の帰属確認の訴えや土地明渡請求の訴えを提起することも考えられる。遺言の方式違反を主張する場合には積極否認、形式要件が整っている場合には抗弁として遺言の効力を争うこととなる。

（ⅲ）**遺言の解釈**　　遺言の解釈においては、遺言の文言を形式的に判断するだけでなく、遺言者の真意を探究し、その真意に沿った内容で遺言をできるだけ有効に解釈することが遺言者の意思に沿う（最判平成5・1・19民集47巻1号1頁）。また、遺言の解釈にあたって、遺言書の文言を形式的に判断するだけでなく、遺言者の真意を探究すべきものであり、遺言書の特定の条項を解釈するにあたっても、当該条項と遺言書の全記載との関連、遺言書作成当時の事情および遺言者の置かれていた状況などを考慮して当該条項の趣旨を確定すべきである（最判昭和58・3・18判時1075号115頁）。遺言書に記載された意思の内容が明らかでなく解釈が分かれる場合で執行者が存在しないときには、結局のところ、遺言の一部無効確認の訴えや、遺言の文言の有効性を前提とした執行を求める訴え（所有権移転登記請求訴訟、預金払戻請求訴訟等）、またはすでに遺言を前提にした執行の有効性を争う訴え（所有権移転登記抹消登記請求訴訟など）を行うこととなる。遺言執行者が存在する場合の解釈の疑義に対する指針については、本章**Ⅲ**を参照されたい。

（ⅳ）**遺産分割協議の効力**　　遺産分割協議が完了し、協議書に捺印した後でも、当事者の意思表示に瑕疵がある場合や、手続に瑕疵がある場合、相続人が欠如していた場合、遺産の一部について脱漏していた場合など、遺産分割協議の無効を主張することがある。当該主張に争いがある場合には、遺産分割協議の無効確認の訴えを検討する。なお、遺産分割協議の履行がなされなかったことによる遺産分割協議

の解除の可否については、裁判所は消極的である（最判平成元・2・9民集 43 巻 2 号 1 頁）。

（ⅴ）**遺産の帰属**　　被相続人に帰属していた財産かどうかについて争いがある場合や、生前贈与も含め被相続人が当該財産を処分したかどうか、または遺贈や死因贈与があったかなどに争いがある場合には、当該財産が遺産に帰属するか否かを確定するため、遺産確認の訴えを検討する。

（ｂ）**遺産分割に関連する付随問題の主張**　　遺産分割に付随した法的紛争は、遺産分割調停の中で本来解決することはできない。相続人が相続の前後に無断で遺産を処分した場合や、葬儀費用の清算、遺産収益の分配などが代表例である。ただし、これらの問題は当事者全員の合意があれば調停手続の中で解決することも可能である。付随問題が争点となりそうな場合には、調停手続の中で解決できるのか、別途手続を検討しておかなければならないのかを事前に検討する。

（ⅰ）**使途不明金**（相続発生前）　　相続発生前に預貯金から一定の金額が引き出されているような場合、相続人全員の同意があれば当該金員は遺産として扱うことができ、遺産分割の対象とすることができる。この場合、被相続人の引き出した人物に対する不当利得返還債権（悪意の受益者）・不法行為債権と評価するか、引き出した人物が保管している現金として評価するのかを確定することとなる。

引き出した人物が明らかでないような場合や、引き出したと考えられる人物がこれを否定している場合にはそもそも遺産として扱うことができないため、不当利得返還請求や不法行為に基づく損害賠償請求、または相続人の遺産確認の裁判を検討することになる（本章 I 4 (2) 参照）。とはいっても、引き出した人物について皆目見当が付いていない場合には、被告とする相手が特定できないことから、当該主張を維持することを断念することも調査を尽くした上で検討する必要がある。

引き出した人物が明らかではあるが、被相続人の贈与の意思がある場合や、被相続人の支払義務のある債務（たとえば入院費用など）を支

I　手続選択　　145

払ったという主張がなされ、遺産の範囲とすることに争いがある場合についても、遺産として扱うことができないため、同様に訴訟による解決を図ることとなる。

（ⅱ）**使途不明金**（相続発生後）　相続発生後の使途不明金についても、相続人全員の同意があれば、当該金員は遺産として扱うことができる（民906条の2第1項）。

全員の同意がない場合において、引き出した人物がはっきりしている、または認めている場合には、当該金額について遺産として扱うことができるかを検討することとなる。この点、引き出した人物が相続人である場合、当該相続人の同意は不要であり、そのほかの相続人が同意することにより遺産として扱うことができる（民906条の2第2項）。

引き出した人物が不明な場合、調停手続においては遺産分割時に存在する財産を対象とするため、当該金員については遺産分割の対象とならない。引き出したと想定される人物がこれを否定しているような場合には、前述の相続発生前の使途不明金と同様、不当利得返還請求または不法行為による損害賠償請求の訴訟により解決を検討することとなる。

（ⅲ）**葬儀費用**　葬儀費用は、相続後に発生する債務であり、かつ本来的には喪主である祭祀主宰者が負担するものであるため、相続人の同意がない場合には遺産分割の対象とすることができない。生前に被相続人から、自身の葬儀費用は自分の相続財産から出してほしいなどの希望があったことから、相続人が被相続人の遺産を利用して葬儀費用を支払ったような場合で、その他の相続人がこの費消について相続財産から支出することに同意しない時には、使途不明金の金員の費消と同様、訴訟による解決を検討する（本章Ⅰ4参照）。

（ｃ）**遺産分割そのものに関する主張**　分割の対象となる財産に関する主張（第2章）、配偶者居住権に関する主張（第2章Ⅲ）、遺産の評価に関する主張（第2章Ⅱ）、特別受益に関する主張（第1章Ⅲ）、

146　　第5章　遺産分割方法

寄与分の主張（第1章 IV）などが考えられる。いずれも前提問題や付随問題について整理してから主張することが調停手続の中では求められている。寄与分の主張は調停手続が継続していることを要件に別手続による主張が必要であること、配偶者居住権の主張については遺産分割調停の申立ての段階で主張するかどうかを確定している必要はないが、相続財産の評価を検討するにあたっては居住建物の評価に大きな影響を与える可能性があることから、その段階までには確定的とまではいかなくとも、希望する可能性があるか否かについては検討しておく必要があることには留意が必要である。

（d）その他の問題　　当事者の感情的な対立やその他の第三者との間の法的問題などは、少なくとも遺産分割協議という話合いを円滑に進めるためには重要な前提事実となり得ることがある。

　被相続人が株式を保有する会社の代表者であった場合で、後継者がいないような時の後継者問題や、祭祀主宰者の承継の問題などについては、遺産分割の協議を行うにあたって必須のものではないが、協議をまとめるにあたって重要な前提問題となることもある。

Check Point

□当事者の主張を整理し、食い違う部分、争われている部分を見極める。

□争いのある論点について、協議が調わない場合の次の手続を見据える。

▶ 参 考 判 例

①**東京高決平成 18・4・19 判タ 1239 号 289 頁**　承継候補者と被相続人との間の身分関係や事実上の生活関係、承継候補者と祭具等との間の場所的関係、祭具等の取得の目的や管理等の経緯、承継候補者の祭祀主宰の意思や能力、その他一切の事情（例えば利害関係人全員の生活状況および意見等）を総合して判断すべきであるが、祖先の祭祀は今日もはや義務ではなく、死者に対する慕情、愛情、感謝の気持ちとい

I　手続選択　　147

った心情により行われるものであるから、被相続人と緊密な生活関係・親和関係にあって、被相続人に対し上記のような心情を最も強く持ち、他方、被相続人からみれば、同人が生存していたのであれば、おそらく指定したであろう者をその承継者と定めるのが相当である。

◀ コラム ▶ 祭祀承継　墓じまい？　子供に託す？　自分の供養は？

　祭祀財産は、祖先の祭祀の主宰者に承継されます（民897条）。祭祀を主宰する者は、被相続人の所有する系譜、祭具および墳墓を相続します。現代においては祭祀承継というと、系譜や祭具というよりはむしろ墓の承継が主な関心事であることが多いと言えます。墓については、必ずしも先祖代々の墓に入ることを希望しない者、そもそも樹木葬や散骨などを希望する者など、死後の自分の生身の体の供養方法については多様な考え方が生まれています。先祖代々の墓を守る者も、自分の感覚では子供たちに祭祀を承継させたいが、子供たちは全くその気がない、という状況の中、墓じまいをすべきか、やはり従前の慣習に従って墓を守ってもらうよう子に頼むのか、などと悩んでいるケースもあります。

　自分が死亡した時に自分の供養をどうしたいか、その思いを叶えてもらうにはどうしたらよいか、祭祀承継をどうするか、考えていても自分の死がそう身近に考えられずそのままその時を迎えてしまうということもあるでしょう。祭祀を承継したい場合には寺とも連携しておく必要がありますし、何より承継してほしい子に対してしっかりその意思を伝えておかなければなりません。

　墓じまいをして自分の供養方法を定める場合、遺言書が死亡後四十九日の際に開かれてしまい、そこに記載されていて既に時遅しとなってはいけないので、あらかじめ死後委任契約を締結したり、遺言ではありませんが自分の希望やその他伝えたいことを記載するエンディングノートを作成することなども検討できます。

　遺言書の作成について弁護士に相談する場合、財産をどうするかということもありますが、祭祀関係を最大の関心事としている相談

者も存在します。なるべく相談者の気持ちに寄り添い、遺言書とは
直接に関わりのない部分についても理解を示した上で適切な相談対
応を行いたいところです。　　　　　　　　　　　　　　[吉川　愛]

2　調停手続

　遺産分割協議は相続人全員で協議する必要があり、相続人のうちの
1人が非協力的な場合や、協議がまとまる見込みのない主張をしてい
るような場合には、任意の協議成立は困難である。また、被相続人の
身の回りを世話していた相続人のうちの1人が財産を管理しており、
その詳細を明らかにすることについて非協力的な場合も同様である。
このような場合、相続人を特定し、遺産を可能な限り調査した上で、
管轄の家庭裁判所に調停を申し立てる。なお、相続人の特定について
は、第1章I参照。

Case
　ノボル弁護士は、被相続人死亡により、相続人の1人から相
談を受けた。相続財産は同居している相続人の1人である長男
が把握しているが、長男に相続財産の開示を求めても明確な回答
がないという。任意に遺産分割の協議を申し入れても難しそうな
状況であり、相続人全員および遺産の調査を行った上で調停によ
る解決をはかることとなった。

(1)遺産調査
　（a）不動産　　被相続人の自宅や、家賃収入のある投資物件など
については、最寄りの法務局、同支局または出張所に登記事項証明書
を請求して不動産を特定する。
　ある地域に不動産を保有していたであろうという情報がある場合に
は、不動産があると思われる市区町村の固定資産税を担当する部署に
対して、被相続人の所有物件について「土地・家屋名寄帳」を請求す

I　手続選択　　149

ることにより、固定資産税の課税台帳に記載された同市区町村内の被相続人の所有物件を調査することができる。なお、固定資産評価証明書については、弁護士が取得する場合、裁判所に提出するとき以外は職務上請求の理由がないことに注意を要する。

（b）預貯金・株式

（ⅰ）残高・取引履歴の調査　被相続人の預貯金口座や株式の取引口座が判明している場合には、当該金融機関に対して残高証明書または取引履歴を請求する。相続人本人が行く場合には、被相続人の相続人であることの証明ができる書類（戸籍謄本が一般的）と、相続人の身分を証明する資料（運転免許証やマイナンバーカード）を持参することで、死亡時の預金残高や取引履歴を取得することができる。代理人が請求する場合は、当該相続人からの委任状、相続を証明する資料その他各金融機関が要求する所定の手続に従って開示を請求する。一般的には当該金融機関に被相続人死亡の事実を電話等で伝えると、対象者の個人情報、死亡時などを確認された上、相続に関する資料一式がまずは代理人事務所に送られ、当該資料の書式等に従って手続を行う。

（ⅱ）口座の調査　被相続人の不明な預貯金口座や株式取引口座を調査するためには、遺品の中からキャッシュカードや通帳を探したり、郵便物の中から金融機関からの郵便物を探すことにより、調査を行う。被相続人が利用していたパソコンやスマートフォンを検索することにより、インターネット口座などを特定できたりすることもあれば、被相続人が自身で財産目録をデータで管理している場合などはそこから口座を特定することができることもある。

（c）保険　生命保険についてはその契約内容により遺産分割の対象とならないものも多く存在する（第2章**Ⅱ2 (1)**参照）。保管している保険証券などを確認したり、銀行の取引履歴などから保険の加入の有無を調査する。

（d）貸金庫　貸金庫がある場合には、相続人全員の立会いのも

150 ┆ 第5章　遺産分割方法

と、金庫の中を確認する。

（e）**賃借権**　　自宅が所有物件ではない場合には賃借権も相続財産となるが、そのまま住み続ける者がいない場合には家賃が継続してかかってくることから、相続人間での対応が必要となる。

（f）**負債**　　被相続人がカードローンやキャッシングなどを利用しているような場合には CIC や JICC などの信用情報機関に照会請求することにより、負債の有無や残高を調査することができる。その他借用書や取引履歴における返済の事実などからも負債について調査することができる。

Check Point

□相続財産を確定するために被相続人の財産を調査する。
□賃貸借契約などについても相続の対象となることから今後の
　対応等を検討する。

▶ **参 考 判 例**

①**最判平成 21・1・22 民集 63 巻 1 号 228 頁**　預金契約は、消費寄託の性質を有するが、委任事務ないし準委任事務の性質を有するものも多く含まれているとしたうえで、「預金者が死亡した場合、その共同相続人の 1 人は、預金債権の一部を相続により取得するにとどまるが、これとは別に、共同相続人全員に帰属する預金契約上の地位に基づき、被相続人名義の預金口座についてその取引経過の開示を求める権利を単独で行使することができる」（民 264 条、252 条ただし書）。

②**最決平成 19・12・11 民集 61 巻 9 号 3364 頁**　金融機関は、顧客との取引内容に関する情報や顧客との取引に関して得た顧客の信用にかかわる情報などの顧客情報につき、商習慣上または契約上、当該顧客との関係において守秘義務を負い、その顧客情報をみだりに外部に漏らすことは許されない。当該顧客自身が当該民事訴訟の当事者として開示義務を負う場合には、当該顧客は上記顧客情報につき金融機関の守秘義務につき保護されるべき正当な利益を有さず、金融機関は、訴訟手続において上記顧客情報を開示しても守秘義務には違反しない。金融機関がこれにつき職業の秘密として保護に値する独自の利益を有する場合は別として、民訴法 197 条 1 項 3 号にいう職業の秘密として保護されないものというべきである。

Ⅰ　手続選択　　151

◀ コラム ▶ 相続放棄の追認行為（お父さんの残したギター）

　10 年前に相続の相談を受けていたご家族（被相続人の子供たち）から、10 年後に保管していたギターについて処分してもよいかと相談がありました。10 年前、母親の所有する土地建物に住んでいたところ、父親が死亡し、父親は事業の関係の借金が膨大であったため、家族全員で相続放棄をすることにしました。その際、家に父親が大事にしていたギターが何本か存在していたのです。

　お分かりの通り、形式的には父親の所有物を売却したり、処分したりすると相続の承認行為に当たることとなります。しかし、ギターについて外形的に父親のものであるという証拠は何もなく、相続放棄を争う者が仮にいるとしても立証のしようはありません。とはいえ、弁護士としては処分してよい、などと軽々に言えるはずもありません。苦肉の策で 10 年保管して、何もなかったら処分するというのではどうでしょう、と伝えていたのです。

　別の事案になりますが、父親が一人暮らしの賃貸マンションで死亡した場合、賃借権も相続の対象となるため、そのマンションを相続人が解除するということは、追認行為になり得ます。また、中の動産について処分することも同じことが言えます。このような場合はオーナーに事情を話してオーナーから契約を解除してもらうなど、諸々の工夫が必要です。とはいえ、残置物について処分をオーナー任せにするのも、忍びないと思ってしまう相続人もいるでしょう。

　相続放棄をしたのに追認行為となる行為を行ってしまうと、これにより被相続人の負債をすべて負わなければならなくなります。弁護士としてはこのような相談があった場合、やはりギターの件も、賃貸借の件も、相続人として追認行為となり得る行動はとるべきではない、という回答になるのではないかと考えています。

[吉川　愛]

（2）資料収集

（a）**申立書関係**　各裁判所のホームページに掲載されている申立書、事情説明書を取得し用意する。遺産目録についても、各裁判所に掲載されている書式を利用するのが一般的である。

（b）**証拠関係**

（ⅰ）**戸籍関係**　戸籍または法定相続情報証明書の原本を提出する。

手続の円滑な進行を図るために必要な資料は家庭裁判所が原本の提出を求めることができることとされており、実務では相続人の特定に必要な資料は申立ての段階から原本を要求されている。

申立ての段階においては、法定相続情報を取得して提出することで足りる場合もあるが、法定相続情報は、被相続人と相続人の情報しか掲載されていないため、その周辺の親族関係の事情はそれだけでは判明しない。事案をよく理解するためには、周辺の親族関係の事情についても分かっておく必要があると裁判所が考えた場合には、被相続人の出生からの戸籍謄本の提出や、相続人の住民票の提出を求められる。なお、極めて単純な事案でない限り、求められることの方が多いため、迅速に手続を進めるためには、法定相続情報を提出する場合でも、法定相続情報の取得の際に収集した戸籍関係一式と、被相続人の住民票については、申立時においても保持しておくことが望ましい。

法定相続情報の制度は平成 29 年 5 月より開始した。被相続人の情報（氏名、死亡日、生年月日、最後の本籍、最後の住所）および相続人の情報（氏名、住所、生年月日）を相続人関係図の形で発行してもらえる。なお、被相続人の情報のうち最後の本籍、相続人の情報のうち住所の記載は任意であり、記載するかどうかは請求者の方で指定できる。取得費用は無料（郵送料等は別途）であり、相続登記や、銀行手続などにも戸籍に代えて利用できるため非常に有益である

（ⅱ）**遺産関係**　遺産の存在を立証する証拠類を提出する。不動産登記簿謄本、固定資産評価証明書、借地権や賃借権の存在を立証

Ⅰ　手続選択　　153

する契約書、不動産関連の形状や状況を立証する住宅地図、公図、建物の平面図、預貯金の通帳の写しまたは預金の残高証明、有価証券関係の存在を立証するための書類などである。これらの書類は関係各所に相続人であることを証明すれば相続人が単独で取得することができる。確定申告書類がすでにある場合には確定申告書類も提出を検討する。

（ⅲ）相続債務関係　　負債の存在を立証する契約書などを提出する。

（ⅳ）その他遺産分割に関わる必要証拠類　　遺言書、遺産分割協議書などがある場合には、あらかじめその写しを提出する。

（ｃ）その他必要書類　　手続代理委任状、その他各家庭裁判所から提出を求められている書類（進行に関する照会回答書、連絡先等の届出書、非開示の希望があれば、非開示の希望に関する申出書）を、各家庭裁判所のホームページから取得して用意する。

Check Point

□各家庭裁判所で求められている書式は取得したか。
□申立てに必要な戸籍関係、証拠関係、その他必要書類は揃えたか。

（3）管轄

（ａ）調停の管轄と審判の管轄　　調停事件として申し立てる場合の土地管轄は、相手方の住所地（相手方とする相続人が複数いる場合には、その全員の住所地が土地管轄となる）または当事者が合意で定める家庭裁判所である（家事245条1項）。この点、審判手続の管轄は相続開始地の家庭裁判所であることに注意が必要である。審判移行の際に管轄が異なる場合、裁判所は当事者の意向を聞いた上、管轄のある裁判所に移送するか、自庁処理をするかを判断する。

154　第5章　遺産分割方法

（ｂ）**自庁処理**　　申立人が管轄違いの裁判所に調停の申立てをした場合、裁判所は申立てによりまたは職権で、管轄権のある家庭裁判所に事件を移送することが基本である（家事9条1項本文）。ただし、事件を処理するために必要があると認められる場合には、自ら当該管轄違いの家庭裁判所で事案を処理することができる（同項ただし書）。この管轄権のない裁判所がそのまま事件を処理することを自庁処理という。

相続人の属性や、審判を見越して申立人の方であえて管轄のない被相続人の住所地に申立てをしたような事案が想定される。自庁処理の裁判に対しては即時抗告ができない（家事9条1項）。このことから、当事者に対して移送の申立てを行う機会を確保するため、事前に当事者等の意見を聞かなければならないとされている（家事規則8条1項）。

申立時において、調停をどこで行うかは事案によっては相当な関心事となる場合がある。被相続人が遠方の場合などは非常に悩ましいところである。このような場合に、事案の性質に鑑みて、管轄権のない被相続人の住所地に調停を申し立てた上、自庁処理の上申を裁判所に行うことも検討することができる。しかし、裁判所が自庁処理を行わないと判断した場合や、相手方の意向を裁判所が確認した後、相手方から移送申立てがなされ、移送の判断がされるような場合には、申立ての後、実質の調停手続が始まるまで相当程度時間を要することとなってしまうため、この点については依頼者に対する十分な説明を行い、申立てをどの裁判所に行うかを決定する必要がある。

（ｃ）**移送に関する裁判についての即時抗告**　　移送の決定については、当事者および利害関係人は即時抗告をすることができる。移送の申立てを却下する裁判の即時抗告権者は移送の申立てをした者である。

Ⅰ　手続選択　　155

Check Point

□遺産分割において、調停手続と審判手続の管轄は異なる場合がある。

□管轄違いの申立ては直ちに却下とはならない。

(4)委任契約

（a）**相続人複数から相談を受けた時の注意点**　遺産分割の相続人のうち、数名から同時に相談をされるケースは少なくない。たとえば3人の兄弟が相続人の案件で、長男が遺産分割協議を強行しようとしている状況で、これに意見を言いたい次男と長女が2人で相談に来るような場合である。

　遺産の範囲は同じである以上、一方が多く相続すると一方が少なくなる関係にあるものであり、次男と長女は利益相反の関係にある。とはいえ、相談の段階では2人の方針は共通していることがほとんどであり、この場合、双方の合意があれば同時受任することは差し支えない。しかし、事件を進めていくと、対立関係となるような場合も発生する。そのような場合、事案によってはすべての当事者について辞任しなければならない場合があることに注意を要する（『弁護士倫理のチェックポイント』87頁参照）。途中での辞任は、依頼者に多大な不利益を与える可能性もあることから、受任の際にはリスクがあることを説明しておく必要がある（弁護士職務基本規程27条、28条、32条、42条）。

　（b）**実務の処理方法**　実質的な利害対立がないという前提で、複数人の相続人から受任し、手続代理人として調停に出廷することは、とくに裁判所からは拒否されるものではない。しかし、調停成立の段階では、1人の相続人以外については辞任し、1人の相続人のみの代理人として調停を成立させることが実務上の運用となっている。複数の相続人との間で委任契約を締結する際には、調停成立に至った場合

156　　第5章　遺産分割方法

の調停成立の方法と、万が一利害が対立した場合には全員について委任関係を終了させなければならないことをあらかじめ説明しておくことが必要である。

◀ コラム ▶ 遺産分割調停の代理人の役割

　遺産分割調停の代理人は実に難しい。依頼者がある不動産をほしいと希望し、相手方もその不動産をほしいと希望して厳しく対立しているとき、調停委員の「依頼者をよく説得してきてください」の言葉を真に受け、依頼者に対して「不動産は諦め、預金を多めにもらいましょう」などといおうものなら、「先生は一体誰の弁護士ですか」と反撃され、解任の憂き目に遭いかねません。遺産の不動産を誰が取得するかに法理論はありませんから、「説得」の法的根拠がないのです。そうすると、遺産分割事件では、民法の解釈運用が通用する特別受益と寄与分が争点にならなければ、依頼者のいいなりに行動するほかないようです。

　最近、裁判官や研究者から、「どうも依頼者をグリップできない弁護士が増えている」との声が聞こえてきます。弁護士が増えて依頼者獲得競争が激化していること、「『御依頼者様』のために最善を尽くします」などと記載した広告で依頼者を獲得する方法が普及したこと、一般の人もインターネットで高度の法情報の取得が容易になったことが、依頼者のいいなりの弁護士、依頼者を説得しない弁護士、やたらに過激な表現で相手方を攻撃する弁護士を多数産んでいるようです。

　地方の弁護士から、「東京では不動産を取り合うらしいが、地方では不動産を押しつけ合うんだよ」といわれたことがあります。過疎化が進み、不動産のニーズがない地域では、「預金を多めにとっていいから何とか不動産を取得してくれ」というのだそうです。それでも、押し付け合いは止まらず、「説得」に閉口しているとぼやいていました。

Ⅰ　手続選択　　157

昔は、裁判所外で相手方の代理人と意見を交換し、ギリギリの妥協点を探る努力をしたものですが、依頼者のいいなりの弁護士が相手ではそのような技法も使えません。難しい世の中になったと思うのは、私が年をとったせいでしょうか。　　　　　　　　　　[髙中正彦]

（5）遺産分割調停の効力

（a）**調停成立の効力**　　調停が成立すると、調停条項は確定した審判と同一の効力を有する（家事39条、268条1項）。

（b）**調停に代わる審判**　　家庭裁判所は、調停が成立しない場合において相当と認めるときは、当事者双方のために衡平に考慮し、一切の事情を考慮して、職権で、事件の解決のため必要な審判をすることができる（家事284条1項）。これを、実務上調停に代わる審判と呼んでいる。

①調停期日に出廷していない当事者がおり、出廷している当事者は一定の内容で合意しており、出廷していない当事者もおそらくはその内容で異議を申し立てないであろうと想定できる場合や、②合意に至れないのが本当にわずかな金額その他細かい条件による相違である場合、③ほぼ合意に至っているのに当事者の感情が激しく、合意という手段が取りづらい場合などに有益である。

どんなにいがみ合っていて、合意には到底至らない場合でも、調停に代わる審判という、裁判所からの判断が記載された書類を受領した場合、双方とも異議までは申し立てないという状況も多々見られる。家事事件一般に利用できるが、関係当事者が多数であることが多い遺産分割調停手続などでは、有用である。

◀ コラム ▶ 調停待合室のおしゃべり

　ようやくコロナ禍も開け、家庭裁判所の調停に出頭することも増えてきましたが、調停待合室の風景は、コロナ前と変わっていません。待合室にいる人が離婚調停できたのか遺産分割調停できたのかはその年齢、服装、態度でだいたい分かりますが、遺産分割調停で出頭している人の特徴は、複数で並んで座り、こもごも「無茶苦茶な要求だ」「欲張りにもほどがある」「恩知らずだ」などと相手である相続人を非難していることです。中には、代理人の弁護士まで一緒になって、「とんでもない要求ですよ」「断固として拒否しましょう」とネジを巻いていることもあります。

　ただ、弁護士が依頼者と一体となって煽っているのではなく、事件の核心となる争点や妥協点について大きな声で依頼者と相談しているのを目撃すると「おいおい、大丈夫か」と思わずにいられません。狡猾な弁護士は、相手方に面が割れていない同じ事務所の弁護士を調停待合室に忍び込ませ、ジッと情報を探っているといいます。待合室のおしゃべりを聞いていると、弁護士の守秘義務に関する無関心ぶりに茫然とすることがしばしばです。待合室での依頼者とのおしゃべりは、守秘義務違反ではありませんが、秘密の扱いに細心の注意を払う姿勢に疑問を感じざるを得ないのです。私は、争点や妥協点を依頼者と相談するときには「ちょっと外に行きましょう」といって、誰もいないところで依頼者と協議しています。

　裁判のIT化が一気に進み、調停もウェブで行うようになるそうです。そうなると、待合室のおしゃべりは聞けなくなりますが、パソコンの操作ミスによる音声流出が問題になるのでしょうか。

[髙中正彦]

3　審判手続

　調停が不成立で終了した場合、調停申立ての際に遺産分割審判の申立てがあったものとみなされ、遺産分割事件は審判手続に移行し、審

I　手続選択　　**159**

判手続が開始する（家事 275 条 2 項参照）。したがって、調停が不成立になった場合には、自動的に審判手続に移行するため、あらためて申立てをする必要もなければ、新たに手数料を納付する必要もない。

調停の際に出されていた主張書面や証拠関係については扱いが特殊な部分があるため、この点については留意して審判手続の準備を行う（本項**(2)**参照）。

なお、遺産分割については、家事事件手続法の別表 2 の事件に属することから、調停前置主義（同 257 条 1 項）の枠内に入っている。しかし、遺産分割調停は、仮に審判に移行したとしても自動的に審判に移行することとなり、訴えを提起するものではない（同条 2 項参照）。したがって、遺産分割については調停を経ずに審判を申し立てることも可能である。しかし、話合いによらずに直接審判を申し立てた場合、裁判所から理由を尋ねられることが多く、理由によっては裁判所の判断で調停に付されるということも少なくない。

> ## Case
> 　遺産分割調停において、ノボル弁護士の依頼者は相続財産の自宅を自らが単独で相続したいと主張し、相手方は売却の上、売却金額から経費を差し引いた額を法定相続分で分けるべきだと主張して譲らず、調停手続は不成立となり、審判に移行することとなった。ノボル弁護士が代理人として、審判手続に向けてやるべきことは何か、今後の流れについて依頼者にどのような説明を行うべきか。

(1)審判手続

（a）**審判申立ての検討**　調停を経ずに初めから審判を申し立てる場合、家庭裁判所においては一般的な遺産分割審判申立ての雛形は用意していないことが多い。この場合、調停申立ての書式を利用して審判申立てを行うことが一般的である。必要書類も調停申立ての時と変わりはない。しかし、特別な事情がない場合には、裁判所からはま

160 　第 5 章　遺産分割方法

ずは調停に付される可能性が高いことには留意し、依頼者にも説明を
しておく必要がある。

（ｂ）**調停から審判移行の手続**　遺産分割調停が不調となった後
には、当然に審判手続に移行する。調停に代わる審判（本章Ⅰ2（5））
について異議が出された場合も同様である（家事286条5項、7項）。

（2）審判移行時の調停記録の取扱い

（ａ）**調停段階および審判段階での記録の開示**　遺産分割調停の
段階で提出した書面については、当事者または利害関係を疎明した第
三者は、家庭裁判所の許可を得て、家事調停事件の記録の閲覧もしく
は謄写を請求することができ、家庭裁判所は相当と認めるときはこれ
を許可する（家事254条1項、3項）。基本的に裁判所が相当と認める
場合にのみ閲覧謄写ができること、書類等提出の段階で非開示の上申
をすることが認められていることなどから、調停の段階では相手方に
書類が見られない前提で様々な書類が提出されることがある。

　これに対して、審判段階では、当事者の主体的な手続追行を保証す
るため、当事者が審判事件記録の閲覧・謄写の請求をした場合、家庭
裁判所は原則として許可することとし（家事47条1項・3項）、家庭に
関する事件であることを考慮し、特別な事情がある場合に限り、例外
として閲覧等の請求を却下する（同条4項）。調停から審判に移行し
た場合には当然に記録は審判での事実の調査の対象とされることから、
調停では非開示とされていた記録であっても、家庭裁判所が事実の調
査の対象とした記録や書類については原則開示の扱いとなることに注
意を要する。

（ｂ）**調停不成立後審判移行時の記録の取扱い**　家庭裁判所は審
判において、事実の調査を行った際、当事者の記録の閲覧・謄写請求
の機会を担保するため、事実の調査をした旨を当事者等に通知しなけ
ればならない（家事70条）。当該事実の調査の通知は、ファックスで、
どういった書類を調査したかについてなされることが多い。調停の段
階で任意に提出されておらず、相手方からの提出を確認できていない

Ⅰ　手続選択　　161

書類についてはこの段階で閲覧・謄写の申請を行う。逆に言えば、調停の段階では非開示の扱いとされていた資料について、相手方が閲覧・謄写をする可能性が出てくるということになる。調停の段階で、審判を見越さずに書面や書証の提出をした場合には、当該書類について再度提出方法を検討することも必要となる。たとえば立証事実と関わらない個人情報や、取引履歴において必要のない箇所などについてはマスキングしたものを提出するなども再検討する。調停の段階から審判を見越した書類提出を検討しておけば、このような考慮は不要であるが、場合によっては閲覧・謄写がないことを前提にすべてを提出することも調停の戦略として必要と考えられる場合もあるため、必ずしも必然ということではない。

> ## Check Point
>
> □調停と審判では記録の開示の基準が異なる。
> □審判後は申立人も手続を取り下げることはできない。

4 訴訟手続

遺産分割の問題において、家庭裁判所の遺産分割調停では解決を図れない問題がある（本章 I 2 参照）。ここでは、遺産分割における訴訟として想定される典型的な類型について解説する。

Case

ノボル弁護士は、依頼者から、実は遺言書があるが、被相続人の遺言能力に問題がある無効な遺言であること、遺産の中に不動産があり、相続人のうちの 1 人が占有している状況であり、売却は難しそうであること、被相続人と同居していた相続人の 1 人が、勝手に被相続人の財産を費消している可能性があること、仮に遺言書が有効ならば、遺留分の請求がしたいことなどを話している。ノボル弁護士は解決に向けてどのような手続を検討すべ

きか。

（1）遺言無効確認訴訟

（a）どういう場合に選択すべきか　　相続人のうち 1 人でも、遺言書の有効性を争うという主張をしている場合には、遺言書の有効性について裁判所で確定をしなければ遺言書通りに執行することが困難である。この場合には訴訟により遺言の有効・無効を確定させることとなる。なお、遺言書が無効であるという裁判が確定するまでの間は、当該遺言書の効力自体は外形的には有効である。

（b）遺産分割手続との関連性　　遺言が有効であれば、本来遺産分割手続は不要である。相続人が遺言の有効性を争い、遺言無効確認訴訟を提起すると同時に、遺言の無効を前提に遺産分割の調停の申立てをした場合、訴訟の帰趨がはっきりするまで、家庭裁判所では調停手続を進行させないことが多い。場合によってはいったん取下げを促され、訴訟確定後に再度申立てを検討するように言われることもある。

（c）主な争点　　遺言無効確認請求訴訟においては、遺言の方式違反、遺言書の偽造、錯誤・詐欺・強迫、公序良俗違反、遺言能力の不存在などが主な争点になる。各争点については、第 3 章 I 参照。

（d）訴訟物、請求の趣旨および請求原因と注意点　　遺言無効確認訴訟の訴訟物は遺言の効力それ自体である。請求の趣旨については「○○法務局所属公証人△△が令和×年×月×日に作成した令和×年第×号遺言公正証書による故□□の遺言は無効であることを確認する」（公正証書遺言の場合）となる。

　遺言無効確認訴訟は、通常は遺言により承継する財産について遺言により承継するとされている相続人が、所有権または共有持分権を有しないことの確認を求める消極的確認訴訟である。このため、遺言無効確認訴訟の請求原因事実としては、①被告適格を有する被告において遺言により財産を承継したと主張していること、②遺言者の死亡、③遺言者における遺言の目的財産の所有、④原告が遺言者の相続人ま

I　手続選択　　163

たはその承継人であること、である。

　しかし、理屈は上記の通りであったとしても、訴状にそれだけを記載すると、結局どういった事情から遺言の無効を争いたいのか全く分からず、この後に説明する抗弁を経て、その後再抗弁として主な争点を主張するというのは、あまりにも迂遠である。したがって、請求原因事実については整理したうえで、そのほかに予想される争点などの項目を設け、どの部分が争点であり、どういった主張を行う予定であるかについてあらかじめ主張をしておくことがこの訴訟類型においては必要不可欠である。

　（e）抗弁　　遺言の成立要件については、遺言の有効性を主張する者に立証責任がある（最判昭和62・10・8民集41巻7号1471頁）。したがって、遺言無効確認訴訟においては、原告が被告に対し、所有権等権利移転がないことを消極的に確認するのに対し、遺言の存在を前提として、当該遺言が成立要件を備えていることを主張することが抗弁となる。遺言の成立要件については、第3章Ⅰ参照（民960条）。

　（f）再抗弁　　遺言無効確認訴訟における実質的争点となることが多い。主なものとしては、遺言能力の欠如、詐欺、錯誤、強迫による遺言、遺言の撤回、受遺者の相続欠格、公序良俗違反、遺言の立会いにおける証人・立会人欠格の主張などが代表的である。遺言無効の再抗弁にかかわる解説については、第3章Ⅰ参照。

　（g）管轄　　被告の普通裁判籍の所在地（民訴4条1項）、相続開始時の被相続人の普通裁判籍の所在地（民訴5条14号）のいずれかで検討することができる。

　（h）訴額　　訴額は原告が訴えて主張する利益によって算定する（民訴8条1項）。相続人の1人が、他の相続人を被告として、相続分および遺産分割方法の指定の遺言について遺言無効確認訴訟をする場合は、原告が訴えで主張する利益（遺言が無効であれば新たに取得できる利益）が訴額となる。具体的には、（遺言により原告が取得する財産の価格＋遺言により被告が取得する財産の価格）×原告の法定相続

164　　第5章　遺産分割方法

分÷（原告の法定相続分＋被告の法定相続分）−遺言により原告が取得する財産の価額、として算定する。

遺贈を定めた遺言について、相続人が原告となって受遺者を被告として遺言無効確認訴訟をする場合、当該遺贈により処分された財産の価格×原告の法定相続分で計算することとなる。

遺言内容が財産的評価ができないものである場合には、その訴額は非財産上の請求として、訴額は 160 万円とみなされる（民訴費 4 条 2 項）。

（i）**一部無効確認の利益**　遺言の一部が無効であると主張すること自体は有効である。しかし、本来遺言無効確認の訴えは、形式上過去の法律行為の無効の確認を求めるものであるため、遺言が有効であるとすればそれから生じるべき現在の特定の法律関係が存在しないことの確認を求めるものと解される場合で、原告がかかる確認を求めるにつき法律上の利益を有するときは適法として許容されうるものと解されている（最判昭和 47・2・15 民集 26 巻 1 号 30 頁参照）。これを前提に、遺言の一部についてのみ無効の確認を求めることについては争いがあり、遺言の一部無効確認請求を行った場合には、確認の利益がないと争われる可能性がある。したがって、遺言全体の成立には争いはないが、一部のみの無効を主張するという場合、当該無効を前提とした権利関係を前提に、確認訴訟以外の訴訟を提起することも検討する。

（j）**調停前置**　遺言無効確認請求事件は、調停前置に該当する家庭に関する事件である（家事 257 条 1 項、244 条）。調停を経ないで訴えが提起された場合は、裁判所は職権で家事調停に付することになる（家事 257 条 2 項本文）。しかし、通常の遺産分割調停などと比べて、遺言の有効・無効については当該部分を確定しないと話合いでは到底解決できない事案であることが多い。調停前置の中でも、訴訟に馴染む事案であると考えられ、訴訟提起の際に、調停前置ではあるが、調停を経ることが相当ではない事情について、上申書に記載して上申す

Ⅰ　手続選択　　165

ることにより、調停を経ることなく、訴訟手続に入れる場合も多い（家事 257 条 2 項但書）。

（k）判決の効力　遺言無効を認容する確定判決は訴訟の当事者間においてのみ、遺言が無効であることにつき既判力を有する。この意味で被告の選定は重要であるため、慎重に検討すべきである（遺言執行者の被告適格について、本章 III 参照）。

> ## Check Point
>
> □調停前置・既判力を意識して訴訟提起の内容を検討する。
> □本来の要件事実を理解した上で訴状の記載方法を検討する。

▶ 参 考 判 例

①**東京地判平成元・7・7判タ 1185 号 291 頁**　遺言能力の有無は、遺言の内容、遺言者の年齢、病状を含む心身の状況および健康状態とその推移、発病時と遺言時との時間的関係、遺言時と死亡時との時間的間隔、遺言時とその前後の言動および精神状態、日頃の遺言についての意向、遺言者と受遺者の関係、前の遺言の有無、前の遺言を変更する動機・事情の有無等遺言者の状況を総合的に見て、遺言の時点で遺言事項（遺言の内容）を判断する能力があったか否かによって判定すべきである。

②**最判昭和 36・4・27 民集 15 巻 4 号 901 頁**　公序良俗違反は、当事者が公序良俗違反で無効であることを主張しなくても、公序良俗違反に該当する事実の主張があれば、公序良俗違反であることの判断ができる。

③**最判平成 15・4・18 民集 57 巻 4 号 366 頁**　公序良俗違反か否かの判断基準時は遺言がなされた時点であるから、その時の公序良俗により判断すべきである。

④**最判平成 13・3・27 集民 201 号 653 頁**　証人適格のある者 2 名が証人として立ち会っていれば、証人適格のない者が立ち会っていても、それだけで方式を欠くことにはならず、その者により遺言内容が左右されたり、遺言者の真意に基づく遺言の妨げとなったような特段の事情がない限り遺言が無効となることはない。

⑤**東京地判平成 2・12・12 家月 43 巻 4 号 35 頁**　1 個の証書によってなされた遺言のうちの一部分に限って、しかも遺言後のこれと抵触する行為による撤回（民 1023 条）を理由として、当該遺言部分が効力を失い無効であることの確認を求めることは、遺言無効確認の訴えとして予定されているということはできず、このような場合には、原告らにおいては、これを現在の具体的な法律関係に置き換えてその存否の確定を訴求し、その原因として特定の遺言部分の遺言後の撤回を主張すれば足りる

ものであって、本件遺言部分の無効確認の訴えについては、原告らには確認の利益がない。

（2）不当利得返還請求訴訟・損害賠償請求訴訟

　（a）どういう場合に選択すべきか　　本章Ⅰ1（1）（b）において解説した通り、相続人による相続財産の費消がある場合や、相続発生後に相続財産の費消があった場合などに選択されるべき手続である。相続開始前の被相続人の財産を無断で相続人が費消した場合、これは被相続人からしてみると不当利得または不法行為と評価される。これらの請求権を相続することとなるのである。弁護士が関わる相続問題などにおいては、親族間での感情のもつれなどから、このような主張をする相続人は少なくない。相続財産の総額に比べて主張する金額が相当程度僅少であることもあるが、この部分を解決せずして相続人間の協議が成立しないこともあり、当該主張が出てくることが想定される場合には、初動からどう取り組むか、依頼者との間で方針を確定しておく必要がある。ある程度相続人の間で妥協の余地がありそうであれば、当該金額をまとめる程度で協議に挑んでも良いが、妥協の余地が見込めない場合には、たとえ金額が少なくとも、不当利得返還請求訴訟や損害賠償請求訴訟による解決を図る方が結果として解決が早いこともある。また、立証の見込みとの兼ね合いもあるが、不当利得や不法行為が認められない場合でも、遺産分割手続内において要件を満たせば被相続人から当該相続人に対する特別受益の主張をすることも検討できる。

　（b）調停手続との関連性　　遺産分割手続内において、被相続人の財産の使途不明金についての主張がなされた場合、調停手続内で場合によっては金融機関の取引履歴の開示なども行い、一括解決をすることも可能ではある。しかし、諸々調査の結果、相続人間で当該使途不明金の扱いについて合意ができる見込みがある場合に限られている。合意ができる見込みが薄いような場合には、使途不明金の部分につい

Ⅰ　手続選択　　167

てはそもそも遺産分割の対象から除外される。この場合、当該使途不明金については、遺産分割の対象ではなくなることから、使途不明金について相続人として主張したいと考える者が、不当利得返還請求訴訟や損害賠償請求訴訟を提起して解決を図ることとなる。

（c）要件事実（相続開始前の使途不明金）

　（ⅰ）**不法行為**（民709条）　　不法行為の請求原因は、①故意または過失、②他人の権利の侵害、③損害の発生、④因果関係である。被相続人において不法行為が発生したことに加え、相続が発生し、原告となる相続人が当該損害賠償請求債権を相続したことも主張立証する必要がある。

　具体的には被相続人の生前に、たとえば相続人が払戻しをしたことが立証できれば、基本的には払戻権限を抗弁として主張できない限り違法と評価されることとなる。

　一般的には相続人が払い戻した事実が立証されるような事案では、預金管理を任されていたとか、個々の払戻しを依頼されていたという反論がされることが多い。この場合には当該権限や依頼の存在を争うこととなる。そのほか、当該反論に基づく委任・準委任契約を前提として債務不履行責任や委任・準委任契約の終了に基づく清算義務の履行を求めることなども戦略としては考えることができる。

　（ⅱ）**不当利得**（民703条）　　不当利得の請求原因は、①他人の財産または労務による利得、②他人の損失、③法律上の原因がないこと、④利得と損失の間の因果関係である。結局のところ、払戻しの事実と、当該払戻しをした人物の特定、払戻しをして利益を得た者の特定、その払戻しに何らの法律上の原因がない（委任や準委任契約がない）ことを立証することとなり、不法行為と同じ主張と反論、立証が想定される。訴訟の流れによっては委任・準委任契約の債務不履行責任や清算義務の履行を求めることを検討することも同様である。

　（ⅲ）**相続開始後の使途不明金**　　金融機関は相続の開始を知った場合、口座を凍結することとなるため、これ以降の出金をすることは

できなくなる。金融機関が相続開始を知るまでの間は、被相続人以外の者による預貯金の払戻しがされる余地はあり、実際に相続開始後にまとめて一定の金額を払い戻す相続人も少なくない。

　実際これらの払い戻した金員を利用して葬儀費用などに充てている相続人も多いが、相続人全員がこれに同意しない場合、葬儀費用の支出が確実に相続財産から支払われるべきものとは評価されないため、遺産分割協議の際にトラブルを引き起こす原因ともなる。

　預貯金については遺産分割の対象となるものであり、相続人が単独で払戻しを認められるのは例外的な場合である（民 909 条の 2 など。第 2 章 **II 1** 参照）。したがって、相続開始後の相続人による預金払戻しは、他の相続人の預貯金債権の準共有部分に対する侵害行為として違法と評価されることとなる。

　従前はこれについて、すでに費消してしまったものについては、遺産分割の対象とならず、相続人の同意がない限り、相続発生前の使途不明金と同様、訴訟による解決を図らなければならなかった。しかし、新設された民法 906 条の 2 の規定により、相続開始後、遺産分割前の処分行為について当該処分をした相続人以外の者が同意することにより、消滅した預貯金債権について存在するものとして遺産分割の対象とすることが可能となった。別訴訟とせずとも、相続開始時の預金残高を相続財産として遺産分割協議を行うことができる場面が増えることとなり、迅速な紛争解決を図ることが可能となった。

Check Point

□使途不明金については相続人間で根深いしこりがある場合がある。

□使途不明金の解決について、遺産分割手続内での解決をめざすか、訴訟手続における解決をめざすか、戦略を立てる。

□葬儀費用について支出後の精算をどのように行うかの見通し

を立てる。

▶ **参 考 判 例**

①**神戸家審平成 30・4・30 家月 51 巻 10 号 135 頁**　葬儀は、死者を弔うために行われるものであるがこれを実施挙行するのはあくまでも死者ではなく遺族等の死者に所縁のあるものであることからすれば、葬儀の費用は相続債務と見るべきではなく、葬儀を自己の責任と計算において手配等して挙行した者（原則として喪主）の負担となると解すべきところ、被相続人の葬儀を主催していない相続人には当該葬儀費用を負担すべき法律上の義務はない。

②**長崎家審昭和 51・12・23 家月 29 巻 9 号 110 頁**　被相続人の負債、葬式費用は、各相続人がその相続分に応じ当然分割承継して負担すべきものであって、本来遺産分割の対象となるものではないし、また、相続人の 1 人が他の相続人らに代って相続債務等を立替支出したときは、他の相続人に対し求償権を有することが明らかであるが、それは共同相続人間の債権債務関係であるから、原則として、分割の対象から除外し、共同相続人間の清算の問題として別途の解決に委ねるのが相当である。

③**東京地判昭和 59・7・12 判時 1150 号 205 頁**　相続人全員が相続放棄をした場合に、被相続人の生前の社会的地位に応じた葬式費用は、これを相続財産の負担として、同財産中から支弁することも許容されるものと解するのが相当である。

（3）共有物分割訴訟

（a）**遺産分割手続との関係**　　相続財産の中に不動産がある場合、不動産については保存行為として相続人が単独で相続持分に応じた共有登記をすることは可能である。しかし、共有登記をして、登記上は各自の共有財産となっていても、遺産分割手続が終了していない場合には、当該共有状態は遺産共有と評価され、当該不動産について民法 258 条の 2 に基づく共有物の分割を求めることはできないことが原則である（民 258 条の 2 第 1 項、遺産分割によって共有取得とする場合については本章 **II 1（1）**参照）。

　ただし、共有物の持分が相続財産に属する場合において、相続開始の時から 10 年を経過したときは、相続財産に属する共有物の持分について民法上の共有物の分割をすることができる（民 258 条の 2 第 2 項）。ただし、共有物の持分について遺産の分割の請求があった場合

において、相続人が請求があったことの通知を裁判所から受けた日から2か月以内に、当該共有物の持分について民法258条の2第2項の規定による分割をすることに異議の申し出をしたときには、民法上の共有物分割の手続をすることはできず、遺産分割協議を継続して行うこととなる（同項ただし書、3項）。

　相続財産の土地がそもそも第三者と共有であり、遺産共有部分と物権共有部分との間の共有状態の解消を求める場合について、最高裁判例は「共有物について、遺産分割前の遺産共有の状態にある共有持分（以下「遺産共有持分」といい、これを有する者を「遺産共有持分権者」という）と他の共有持分とが併存する場合、共有者（遺産共有持分権者を含む）が遺産共有持分と他の共有持分との間の共有関係の解消を求める方法として裁判上採るべき手続は民法258条に基づく共有物分割訴訟であり、共有物分割の判決によって遺産共有持分権者に分与された財産は遺産分割の対象となり、この財産の共有関係の解消については同法907条に基づく遺産分割によるべきものと解するのが相当である」として、共有物分割の裁判により解消するものと判断されている（最判平成25・2・29民集67巻8号1736頁）。

　（ｂ）形式的形成訴訟　　共有物分割訴訟は、形式的形成訴訟に分類されると解されている。形式的形成訴訟とは、形成訴訟という性質（裁判所が権利変動を生じさせる訴訟）と形式的な訴訟（実体法上に要件が定められていない非訟）という性質の2つをもつ、という意味である。当該形式的形成訴訟の意味合いをもつことから、請求原因は特にしばられない。結論としてどういう分割方法を求めているのかが確定している場合には、当該結論を導くための具体的事実を主張していくこととなる。

　（ｃ）請求の趣旨　　形式的形成訴訟の性質上、請求の趣旨について具体的な記載は不要であり、「別紙物件目録記載の土地を分割する」という程度のもので足りる。

　（ｄ）判決　　「共有物分割の訴えにおいては、単に共有物の分割を

Ⅰ　手続選択　　171

求める旨を申し立てれば足り、分割の方法を具体的に指定することは必要でない」とされている（最判昭和 57・3・9 集民 135 号 313 頁）。分割方法は書面に記載すべきであるが、訴状に分割方法、内容などが具体的に明示されていても、当事者としての提案の意義を有するにとどまり、裁判所はその提案に拘束されない。導かれる基本的な判断は、現物分割、換価分割、価格賠償などであるが、共有物分割を行うことが権利の濫用と判断されるような場合には共有を維持すべきであるという判断も場合によってはあり得る（請求棄却となる。東京高判平成 25・7・25 判時 2220 号 39 頁等）。

令和 3 年改正前は、民法上の共有物分割については、代償分割を認める条文がなかったことから、代償分割の方法は判例法理に基づく要件により認められていた（最判平成 8・10・31 集民 180 号 661 頁）。改正後は、現物分割または代償分割を原則とし、当該分割方法をとれない場合または分割によってその価格を著しく減少させるおそれがある場合には、裁判所が競売を命ずることができることとされた（民 258 条）。従前の判例上の要件としては、全面的価格賠償による場合には、当該共有物を取得する共有者の資力を要件としていた。この点は今後も実務上は重視されるものと考えられる。

Check Point

□遺産共有の場合の最終的な解決方法について、共有物分割訴訟も想定される。
□共有物分割訴訟は形式的形成訴訟である。

▶ 参 考 判 例

①最判平成 8・10・31 集民 180 号 661 頁　民法 258 条の規定がすべての場合にその分割方法を現物分割または競売による分割のみに限定し、他の分割方法を一切否定した趣旨のものとは解されないとし「当該共有物の性質及び形状、共有関係の発生

原因、共有者の数及び持分の割合、共有物の利用状況及び分割された場合の経済的価値、分割方法についての共有者の希望及びその合理性の有無等の事情を総合的に考慮し、当該共有物を共有者のうちの特定の者に取得させるのが相当であると認められ」ること、「その価格が適正に評価され、当該共有物を取得する者に支払能力があって、他の共有者にはその持分の価格を取得させることとしても共有者間の実質的公平を害しないと認められる特段の事情が存するときは」「共有物を共有者のうちの1人の単独所有または数人の共有とし、これらの者から他の共有者に対して持分の価格を賠償させる方法、すなわち全面的価格賠償の方法による分割をすることも許されるものというべきである」。

②**東京高判平成25・7・25判時2220号39頁**　控訴人の本件建物の分割の請求は、控訴人、被控訴人および竹子が本件建物を控訴人および被控訴人の共有取得とする際に前提とした本件建物の使用関係（被控訴人が存命中本件建物を使用すること）を合理的理由なく覆すものであって、権利の濫用に当たるというべきである。

(4)遺留分侵害額請求訴訟

　（a）**遺留分侵害額請求訴訟**　　遺留分制度の概説については第4章を参照。改正により、遺留分の請求については、金銭の支払いを求める債権的請求に一本化された。

　（b）**管轄**　　遺留分侵害額請求訴訟は、家庭裁判所ではなく地方裁判所または簡易裁判所が管轄となる。相続開始時における被相続人の普通裁判籍の所在地（民訴5条14号）、被告の普通裁判籍の所在地（民訴4条1項）、金銭債権としてその義務履行地（原告となる遺留分侵害額請求者の住所地）（民訴5条1号）が管轄として認められる。なお、調停に関しては家庭に関する事件として家庭裁判所に管轄が認められるが、民事に関する紛争として民事調停の対象ともなり得るため、家事調停と競合的管轄を生じる。

　（c）**調停前置**　　遺留分侵害額請求は、調停前置に該当する家庭に関する事件である（家事257条1項、244条）。調停手続を経ないで訴えが提起された場合は、裁判所は職権で家事調停に付することがある（家事257条2項本文）。ただし、調停前置は訴訟要件ではなく、裁判所は調停を経ずとも解決の見込みがないと判断した場合はそのまま審理を進めることができる（同項但書）。すでに財産について整理が

Ⅰ　手続選択　　173

されており、争点が明白な場合には、調停を経ずして訴訟手続を選択するということも十分考えられ、本類型においては裁判所もそのまま審理を進める事案は多い。遺留分の侵害額の算定の根拠となる遺産の範囲が十分に把握できていない場合や、当事者間の感情の乖離など、まずは協議が必要である場合などには調停を経ることも有益である。

（ｄ）**訴訟物と請求の趣旨**　遺留分請求の意思表示によって発生した金銭請求権が訴訟物である。請求の趣旨は一般的な金銭債権の請求の趣旨と同内容である。遅延損害金については、本来請求する遺留分額を特定した遺留分侵害額の請求の意思表示が相手方に到達した日の翌日から発生する。しかし、一般的には訴訟上において金額の変動が生じることになるため、当初請求は一部請求で、判決確定の日の翌日を遅延損害金の発生時期として請求することなども検討できる。

（ｅ）**請求原因（要件事実）**　①被相続人の死亡、②原告が遺留分権利者であること、③基礎財産の具体的内容・価格、④原告による遺留分請求の意思表示である。

（ｆ）**抗弁**　相続財産の評価額について争われることが多いが、これは単なる請求原因に対する積極否認であり、抗弁ではない。

　（ⅰ）**相続人の範囲に関する抗弁**　相続人の範囲が異なる場合、積極的に相続人が別にいることを主張することにより遺留分割合を主張する。

　（ⅱ）**被相続人の処分行為に関する抗弁**　被相続人の相続人への所有権移転行為が贈与ではなく売買であったなどという主張をすることにより遺留分侵害額算定に際し、減額の要素とされる。

　（ⅲ）**遺留分権利者に対する特別受益の抗弁**　遺留分権利者が受けた特別受益は 10 年内という限定を受けないため、相続開始から 10 年より前のものであっても主張ができる。

　（ⅳ）**未分割遺産の抗弁**　遺言書に記載されている相続財産で未分割のものがある場合には、もはや遺留分権利者である原告の訴状にあらかじめ記載されていることも多い。明らかとなっていない未分割

の相続財産がある場合は、当該財産の存在を主張することにより遺留分額の割合を減らしていく。

（ⅴ）負担付贈与の抗弁　　仮に相続人が贈与を受けているとしても、それが負担付（たとえば将来の介護をすることを条件に贈与するなど）である場合には、贈与額の評価に影響を及ぼす。介護等にかかる負担額の評価方法については、第1章 **IV 5** を参考にされたい。

（ⅵ）消滅時効の抗弁　　遺留分請求は、①相続開始10年または②遺留分権利者が相続開始の事実および遺留分を侵害する贈与または遺贈等の存在を知った時点から1年以内に意思表示がなされなければならない（民1048条）。遺留分請求の意思表示の方法については第4章 **II 2** を参考にされたい。前者は相続開始から10年が経過した後に意思表示がされたことを主張することで足りるが、後者については、遺留分権利者が相続の開始を知った時期と、遺留分を侵害する贈与等がなされた事実を知ったという事情とそれを知った時期を具体的に主張する必要がある。

▶ **参 考 判 例** ⋯⋯⋯⋯⋯⋯⋯⋯⋯⋯⋯⋯⋯⋯⋯⋯⋯⋯⋯⋯⋯⋯⋯⋯⋯⋯⋯⋯⋯⋯⋯⋯⋯⋯⋯⋯

①**最判昭和 57・11・12 民集 36 巻 11 号 2193 頁**　遺留分権利者が、減殺すべき贈与の無効を訴訟上主張していても、被相続人の財産のほとんど全部が贈与されていたことを認識していたときは、その無効を信じていたため減殺請求を行使しなかったことにもっとも認められる特段の事情のない限り、右贈与が減殺できることを知っていたと推認するのが相当である。

②**最判平成 10・6・11 民集 52 巻 4 号 1034 頁**　被相続人の全財産が相続人の一部の者に遺贈された場合に、遺留分減殺請求権を有する相続人が、遺贈の効力を争うことなく、遺産分割協議の申入れをしたときは、特段の事情のない限り、その申入れには遺留分減殺の意思表示が含まれると解すべきである。

I　手続選択　　**175**

第5章 ● 遺産分割方法

II ··· 遺産分割における具体的なゴールの設定方法

1 具体的分割方法

　相続人が多数で、かつ相続財産に不動産など単純に分割できないものが存在するような場合、相続人間で様々な思惑が交錯し、それぞれの利害関係から主張が対立する。たとえば不動産を取得したい相続人は不動産の評価を低く主張し、代償金をもらうことを主張する相続人は不動産の評価を高く主張する。全員が平等に、という意見は一致している場合でも、不動産の評価をどう見るかで平等の評価も変わってくることとなり、相続人間で完全な合意を得ることが難しいこともある。すべてを売却し、金銭に変えて相続割合で均等割りすれば良いのであろうが、相続財産をそのまま維持したいと思う相続人もいることから、これが難しい場合もある。

　結局のところ、目的とする遺産分割方法について、相続人全員の同意が得られれば良いが、同意が得られない場合には、最終的に裁判手続を利用してどういった分割方法を選択し、依頼者の希望に最大限沿う結論を取得できるか、について初期段階から依頼者と詰めておく必要がある。こうすることで、任意交渉が円滑に進まない場合でも、対立当事者の意向とは関係なく審判手続や、訴訟手続に進むことを選択することができる。配偶者居住権についても、相続人全員の意向を見極めながら、配偶者である相続人が主張する方が良いかどうかを見極めていく必要がある。

　ここでは具体的な分割方法について解説するとともに、当該手続におけるメリット、デメリットなどを解説する。

Case

　Xが死亡し妻と子3人（長男、次男、長女）の合計4人が相続人で、相続財産は主に預貯金と、妻と長男が住んでいる実家の土地建物、投資用マンション2棟、長男が手伝っていたXの会社の株式、という状況で、妻と長男がノボル弁護士のところに相談に来た。妻と長男はこのまま実家に住み続け、かつ長男は家業を継ぐため株式を取得することも希望している。ノボル弁護士は、相談の際、妻と長男から、具体的にどのような手続を選択し、どういう結論を導くべきかのアドバイスを求められた。

(1)分割方法の種類

　（a）現物分割　　現物分割は、個々の財産の形状や性質を変更することなく分割させるものである。一筆の土地がありこれを法定相続分で分ける場合には、法定相続分の割合で測量した上、どこで分割するかを相続人間で合意し、分筆登記をして、それぞれが取得することとなる。

　不動産の形状を維持した上で、相続人間で等分に分割するということになるので、相続人間の公平も保たれ、望ましい分割方法といえる。実務においても、基本的には優先すべき分割方法とされているようである（片岡406頁）。しかし、不動産の現物分割の場合、分割後に公道に面している土地と袋地になる土地では、一筆の場合と評価方法が異なることになりかねず、不動産の評価に疑義が生じる。相続人間で、どの場所を取得するかで紛争を招きかねず、また分筆後の土地の評価からして、相続持分通りに面積を均等に割ることで良いのかなどの議論も生じるため、土地の形状や、その立地などによっては合意に至ることが困難な状況になる場合もある。

　株式などは、現物分割可能なものであるから、基本的には相続割合に応じて株式を取得させることを原則とする。しかし、上場株式においては、端株などを生じさせる分割は認められていない（最判平成12・7・11民集54巻6号1886頁）。また、非上場株式においては、経営

Ⅱ　遺産分割における具体的なゴールの設定方法　　177

権を承継する必要性がある事案も多く、株式を分散させてしまうことが事業承継の観点から望ましくない事案もある。その場合には、裁判所においても代償分割を認めている（東京高決平成26・3・20家判1号101頁）。

（b）**代償分割**　代償分割とは、一部の相続人に法定相続分を超える額の財産を取得させた上、他の相続人に対する債務を負担させる分割方法である。この分割方法は、家事事件手続法において、家庭裁判所は、遺産の分割の審判をする場合において、特別の事情があると認めるときは、遺産の分割の方法として、共同相続人の1人または数人に他の共同相続人に対する債務を負担させて、現物の分割に代えることができると定められている（家事195条）。共有物分割訴訟（本章Ⅰ4（3）参照）における共有物分割は遺産分割において共有分割（(d)）がなされた後の共有物分割手続であり、異なる手続であることに注意を要する。

代償分割が認められる特別な事情としては、現物分割が不可能な場合や、現物分割をすると分割後の財産の経済的価値を著しく損なうため不適当である場合、特定の遺産に対する特定の相続人の占有、利用状態を特に保護する必要がある場合、共同相続人間に代償金支払いの方法によることについて、おおむね争いがない場合である（片岡410頁）。

法定の要件以外にも、支払能力があることも併せて判例上要件とされている（最決平成12・9・7家月54巻6号66頁）。代償金の支払いは、一括であることが原則である。

（c）**換価分割**　換価分割は、遺産を売却等で換金した後に、代金を分配する方法である。売却した後の代金を法定相続分に応じて分けるため、相続人間の公平を図りやすく、手続を円滑に進めやすい。

調停や任意の遺産分割協議の際の換価分割については、単純に売却することと法定相続分により分けることを取り決めるだけでは不十分である。売却にあたって、最低売却価格、売却する担当者や業者、売

却代金から控除すべき費用についても定めておく必要がある。場合によっては売却担当者の交通費など諸経費を差し引くかなどについても後から疑義を生じさせ、再度協議が必要になることから、細かく決めておく必要が出てくることもある。また、換価することができない状況が生じ得ることから、換価するための期限や、換価できなかったときの代替策なども決めておくことが必要になることもある。代替策については、たとえば裁判所に競売申立てをするなどの案も検討できる。

審判における換価分割については、家庭裁判所は、競売または任意売却を命ずることができる。家庭裁判所は、遺産の分割の審判をするため必要があると認めるときは、相続人に対し、遺産の全部または一部を競売して換価することを命ずることができる（家事194条1項）。また、遺産の分割の審判をするため必要があり、かつ、相当と認めるときは、相続人の意見を聞き、相続人に対し、遺産の全部または一部について任意に売却して換価することを命ずることができる。ただし、共同相続人中に競売によるべき旨の意思を表示した者がある場合には任意売却の手続によることができず、競売による（同条2項）。

（d）共有分割　　共有分割は、遺産の一部または全部を具体的相続分による物権法上の共有取得とする方法であり、共有関係を解消する手続は共有物分割訴訟による（本章Ⅰ4（3）参照）。

共有分割については、現物分割、代償分割、換価分割が困難な状況になる場合や、当事者が共有による分割を希望しており、それが不当であるとは認められない場合などに限定されるべきであるとされている（片岡416頁）。

（2）配偶者居住権の主張

（a）調停における意向確認のタイミング　　遺産分割調停においては、当事者の具体的相続分が算出された後に、配偶者居住権についての意向を配偶者に対して確認するという運用がなされている（片岡422頁。『実践調停遺産分割事件　第2巻』264頁以降参照）。

配偶者居住権の具体的検討方法については、第2章Ⅲ参照。調停

Ⅱ　遺産分割における具体的なゴールの設定方法　　179

において配偶者居住権を主張することが明らかになった場合には、相続人に対して、配偶者居住権の負担付所有権の取得を希望する者がいないかを確認する。

（ｂ）任意の遺産分割協議の場合の配偶者居住権の主張　　調停の運用とは異なり、任意の協議の場合には段階的な主張整理を行わないため、当初の段階から配偶者居住権についてどういった主張をするかを検討しておく必要がある。この場合においては不動産の評価、希望する存続期間をどのように考えるかをあらかじめ検討し、対立する相続人との交渉においてどのような主張をしていくかを検討する。

Check Point

□遺産分割の方法について依頼者の希望を満たせる分割方法を検討する。

□配偶者居住権について説明し、検討のタイミングについても熟慮する。

2　具体的なゴールの設定方法

先ほどの **Case** で、ノボル弁護士は具体的にどのようなゴールを設定していくべきであろうか。具体的なゴール想定とそのゴール設定に伴うリスクを具体的に整理する。

(1)現物分割によりすべてを相続分に応じて分割する

妻が実家の土地建物、長男が株式、マンション２棟を次男、長女が受け取り、預金については法定相続分で分けるという分割案である。全員が合意すれば、法定相続分通りの評価額の相続をする必要はないため、このような遺産分割の方法はもちろん可能である。しかし、相続人間で法定相続分に応じた、公平な相続を望む者がいる場合には遺産分割協議を成立させることは難しくなる。

180　　第5章　遺産分割方法

（2）換価分割によりすべてを売却して相続分に応じて与える

　不動産をすべて売却することは不可能ではないが、株式については未上場の株式のため、売却は検討がしづらい。また、不動産を売却するにあたっては自宅で余生を過ごしたいという妻の意向を叶えられない。

　換価分割の場合、相続税に加えて譲渡所得税もかかってくることなどがあり、税金についての考慮も必要である（第6章1参照）。また、換価分割については、相続人全員の合意がない場合には、裁判所の判断を待つこととなる。この場合、売却にあたっては任意売却の方が金額が高くなることが予測されるが、相続人の1人でも反対している場合には競売を命じられる可能性があり、受け取れる金額が低額になるリスクがある。

（3）長男が株式を、妻が自宅を取得し、マンション2棟を次男、長女が取得し、預金は法定相続分で取得した上、法定相続分を超えて取得した相続人は代償金を支払う

　現物分割と代償分割を併せた解決方法である。妻および長男の意向は汲めているが、不動産や株式の評価によって、代償金の支払額に疑義が生じることとなる。たとえば自宅の評価が株式やマンション2棟よりも相当程度高額である場合、妻が代償金を相続人に支払えるかどうかという問題が発生する。支払った代償金については、税金の関係で経費にならないことに注意を要する（第6章参照）。

（4）長男が自宅と株式を、妻が配偶者居住権を取得し、マンション2棟は売却し、預貯金と売却代金について次男、長女が取得する

　妻が配偶者居住権を取得することにより、長男が相続する自宅の評価額を下げることができる。こうすることにより法定相続分に近い形での解決を検討することができる場合もある。マンションについて換価することにした場合には、売却額が評価額に直結するため、この部分は論点を少なくすることが可能になる。しかし、換価するにあたって、誰がメインで換価するのか、売却価格について最低売却価格をあ

Ⅱ　遺産分割における具体的なゴールの設定方法　　181

らかじめ設定しておくか、売却価格から諸費用や諸経費、税金などを引くことができるかどうかなどについては確定しなければならず、それぞれの利害が対立することとなる。売却後、精算金額も確定した場合に、確定した金額と被相続人の預貯金を合計してもなお、次男と長女の取得額が相続持分よりも少ない場合には、代償金の支払いなどの問題も発生する。当該分割方法を行うことができれば事業承継も被相続人の配偶者が余生を自宅で過ごしたいという意向も叶えることができる。

（5）配偶者居住権を妻が取得し、自宅については長男、次男、長女の共有、マンション２棟は次男、長女がそれぞれ取得、株式は長男が取得、預貯金は相続財産の割合に応じて清算する

　配偶者居住権を妻が主張すると、その評価次第にはなるが、配偶者である妻の法定相続分に近い財産を妻は相続できる可能性がある。その上で、当該評価額を差し引いた形で土地建物については、子供たち３人の共有としておくという方法である。この遺産分割をすると、配偶者である妻が死亡した後には、土地建物は完全に子供たち３人の共有状態となることから、共有状態の解消に向けて協議を進めていくことになる。そうすると問題はマンション２棟の評価額と株式の評価額になり、当該評価額に応じて預貯金を分配することで、法定相続分に近い形での遺産分割協議を検討することが可能となる。本件では長男は自宅で母親である被相続人の妻とともに生活をしているため、共有者である次男および長女から共有持分に応じた利用料を求められたりすることも想定される。また、長男の相続する株式の評価がマンションよりも相当低い場合などは、代償金などの議論も出てくる可能性もある。次男、長女に支払能力がない場合、自宅の利用料を代償金に代えるなどの方法も検討することができる。合意に至ることができれば、妻、長男の意向を叶えることができる。

Check Point

- □ゴールの設定は依頼者と協議してメリット・デメリットを共有する。
- □代償分割のリスクと、支払能力を確認する。
- □相続財産の不動産について、賃料の処理はどうするかを検討する。
- □相続発生から遺産分割協議成立までの固定費等について検討する。
- □遺産分割協議成立後の税金リスクなども検討する。

第5章 ● 遺産分割方法

III…遺言執行者

遺言執行者については、民法改正により権限が拡大されている。遺言執行者の法的地位についても、遺言執行者の職務は遺言の内容を実現することにあることが明示されている。これにより、訴訟を起こされた場合の遺言執行者の対応や、遺言の効力が争われている間の遺言執行者としての対応方法などが明確化されている。本節においては、これらについて簡単に解説するとともに、遺言書の文言の解釈に疑義がある場合における対応方法についても検討する。

> **C a s e**
> ノボル弁護士は依頼者から遺言作成の相談を受け、最終的には遺言執行者となって自分の遺言の執行をしてほしいと依頼されている。依頼者は相続人の1人に自分の不動産を相続させて維持してほしいと考えている。ノボル弁護士は実際に相続が発生したときに、自分が遺言執行者として具体的になにをすべきか検討することとした。

1 近年の相続法改正における遺言執行者の職務の拡大

(1)遺言執行者

遺言の内容を実現するため、相続財産の管理その他遺言の執行に必要な一切の行為をする権利義務を有する者として選任されたものを、遺言執行者という（民1012条1項）。

遺言執行者がある場合には、相続人は相続財産の処分その他遺言の執行を妨げる行為をすることができず、当該行為は無効と評価されるが、善意の第三者に対抗することはできない（民1013条1項、2項）。相続法改正により、遺言の執行の妨害行為の効果が明記された。

184 第5章 遺産分割方法

（2）第三者対抗要件具備行為

相続分の指定がなされた場合や、遺産の分割の方法の指定として、遺産に属する特定の財産を共同相続人の1人または数人に承継させる、いわゆる特定財産承継遺言がなされた場合には、法定相続分を超える部分については、登記、登録等の対抗要件を備えなければ第三者に対抗することができない（民899条の2第1項）。

改正民法が相続分の指定遺言や、特定財産承継遺言について、対抗要件主義を採用したことから、遺言執行者においては対抗要件を具備するために遺言の執行を要することとなった。特定財産承継遺言がある場合には、遺言執行者は対抗要件を具備するために必要な行為（不動産であれば登記手続）を行うことができる（民1014条2項）。

（3）預金の払戻し

特定財産承継遺言の財産が預貯金債権である場合、遺言執行者は対抗要件具備行為のほか、当該預貯金の払戻請求を行うことができ、預貯金債権の全部が特定財産承継遺言の目的であるときには、契約の解約の申入れをすることができる（民1014条3項）。

（4）遺贈

遺贈の履行については、遺言執行者が選任されている場合には、相続人によっては行うことができず、遺言執行者によって執行されなければならない（民1012条2項）。

2 遺言執行者の法的性格

（1）遺言執行者の法的地位

改正前は「遺言執行者は、相続人の代理人とみなす」と規定していた（改正前民1015条）。これに対し、改正後においては、遺言執行者は「遺言の内容を実現するため、相続財産の管理その他遺言の執行に必要な一切の行為をする権利義務を有する」と規定し、遺言執行者の職務は遺言の内容を実現することにあることを明示した（民1012条1項）。この上で、遺言執行者を相続人の代理人とみなすという規定を

III 遺言執行者 　185

改め、「遺言執行者がその権限内において遺言執行者であることを示してした行為は、相続人に対して直接にその効力を有する」と規定し、遺言執行者の法的地位を明確にした（民1015条）。

（2）訴訟における当事者適格

従前「相続人の代理人とみなす」という法的地位であることを前提に、訴訟における遺言執行者の当事者適格については争いのある部分が存在していた。しかし、改正により遺言執行者の法的地位が明確になったことにより、遺言執行者の訴訟における当事者適格についても従前より明確になった（片岡・遺言執行者32頁参照）。

（a）遺言の内容を実現するためにすべき訴訟　遺言執行者が遺言の内容を実現するためにすべき訴訟について当事者適格を有する。遺贈目的不動産について受遺者以外の相続人が相続登記を行った事案における、当該相続登記の抹消登記手続訴訟、遺言無効を理由とする遺贈目的不動産の抹消登記手続訴訟、遺贈の目的となっている建物について受遺者以外の相続人が当該建物を占有している場合に、当該占有している相続人を相手方とする明渡請求訴訟などが考えられる。特定財産承継遺言について、受遺者以外の相続人が相続登記をしたような場合、遺言執行者は当該相続人に対して、所有権移転登記の抹消登記手続のほか、受遺者に対する真正な登記名義の回復を原因とする所有権移転登記手続を求めることができる（最判平成11・12・16民集53巻9号1989頁）。銀行等金融機関に対する預金または貯金の払戻請求訴訟についても、民法改正により権限が明記されたことにより、原告適格を有することとなった（民1014条3項）。

（b）遺言無効確認請求訴訟　遺言執行者は、被相続人からの遺言無効確認請求訴訟の被告適格を有する（最判昭和31・9・18民集10巻9号1160頁）。遺言執行者は、法定訴訟担当として理解されていることから、遺言執行者を被告とする訴訟の判決の効力は、被担当者である相続人全員に及ぶことになる。

遺言執行者による遺言無効の主張については、そもそも遺言執行者

は遺言の有効を前提に動くものではないか、という考え方もあり得る。しかし、相続人や受遺者ら利害関係人が、遺言の有効を主張し、遺言執行者に対して執行を求めている場合には、遺言執行者が原告となり、遺言の無効確認の訴えを提起し、これにより権利関係を確定させることが必要な場合もあり得る。判例は、遺言無効の主張をすることについて許されないとする法理も明文もないことを前提に、遺言無効確認請求訴訟の原告適格を有することとしている（大決昭和2・9・17民集6巻501頁）。

◀ コラム ▶ 相続法改正と遺言執行者の兼併

　遺言執行者であった弁護士が同じ相続に関し遺留分侵害などの紛争において相続人の一部の代理人となることは、遺言執行が終了し、裁量の余地がない場合には弁護士倫理上の問題が生じないと解する見解が従前は有力でした。ところが、平成30年改正前の民法1015条が「遺言執行者は、相続人の代理人とみなす」と規定されていたことから、遺言執行者としてすべての相続人の代理人とみなされていた弁護士がその後同一の相続に関して一部の相続人の代理人となり、その他の相続人と相対することは利益相反に該当するとの見解が平成13年ころから日弁連懲戒委員会で支配的となりました。当時は、弁護士職務基本規程が施行される前で、旧弁護士倫理26条2号の「受任している事件と利害相反する事件」とされました。

　その後弁護士職務基本規程が施行され、利益相反の規定から旧弁護倫理26条2号のような包括規定がなくなったことから、利益相反の問題というよりも弁護士職務基本規程5条の公正義務違反、同6条の信用・品位保持義務違反と解されるようになりました。本来、同規程5条や6条は、「弁護士の職務の行動指針又は努力目標を定めたもの」（82条）ですので、懲戒の根拠規定となるものではない

のですが、現在は同条違反とする懲戒実務が一般となっています。

　平成30年、民法1015条は「遺言執行者がその権限内において遺言執行者であることを示してした行為は、相続人に対して直接にその効力を生ずる」と改正されましたから、利益相反の問題と解釈される余地はさらに少なくなりました。今後も5条や6条違反とする実務が続くことになるでしょうが、本来であれば一般条項を懲戒の根拠にすることは、弁護士の予測可能性を害するという観点から望ましいものではありません。明文の規定を設けて弁護士の行動規範を明確化するのが筋であると思われます。　　　　　［市川　充］

3　遺言の効力が争われている間の遺言執行者としての対応

(1)形式面その他の事情により遺言が無効であることが明らかである場合

　遺言執行者が、当該遺言より後に作成された遺言書の存在を認識した場合や遺言の方式に違反した遺言である場合など、客観的に遺言が無効であることが明らかであるときには、遺言執行者は遺言の執行を中止するのが相当である。

(2)相続人間で遺言の効力が争われている場合

　この場合に、遺言執行者が遺言の効力について有効であると考えたとして、遺言の執行を中止すべきかは悩ましい問題である。改正民法により対抗要件具備などの必要性もあり、遺言執行の迅速性はより求められる中、争われている内容によっては中止をしないという判断もあり得る。

　「遺言執行者が善良な管理者の注意をもってしても遺言を無効とすべき事実を認めることができなかったのであれば、遺言の通り執行することも許され、仮に事後的に訴訟によって遺言が無効であると判断されたとしても、任務懈怠ないしは不法行為として責任を負うことはないとも考えられる。しかし、遺言が無効とされれば、結果として本来的に執行すべきでなかった遺言を執行したこととなるし、遺言執行

188　　第5章　遺産分割方法

者自身が紛争に巻き込まれる結果を導くこととなる」（片岡・遺言執行者118頁）。

遺言執行者として執行しないことが任務懈怠と判断される場合もあり得るので、中止すべきかどうかについては個別具体的事情により遺言執行者が判断しなければならない。場合によっては自らが原告となり遺言の効力について確認を求めるなどの方策を検討することも考えられる。

（3）遺言執行者が遺言能力に疑義があると考えた場合

遺言執行者が判断することはできないため、同様に執行を中止することが任務懈怠と評価される場合もある。遺言執行者が原告となって、遺言の効力を確定させるための訴訟を検討することなども考えられる。

（4）遺言執行者の辞任

遺言執行者にいったん就職した場合には、裁判所の許可がない限り辞任することは許されない（民1019条2項）。辞任には正当事由が必要とされている。正当事由としては体調不良等の事情などが典型的であり、業務過多などの理由も是認されることが多い。遺言による遺言執行者の指定の場合、就職するか否かは遺言執行者の自由であり、就任を拒否することに対する理由も不要である。したがって、遺言により遺言執行者に指定されている場合においても、事案をよく検討してから就職を承諾することも重要であろう。なお、相続人その他の利害関係人は、遺言執行者に対し、相当の期間を定めて、その期間内に就職を承諾するかどうかを確答すべき旨の催告をすることができ、この期間内に遺言執行者が相続人に対して確答をしないときは、就職を承諾したものとみなされることには留意しておく必要がある（民1008条）。

4 遺言の解釈についての対応
（1）遺言の解釈における判例の考え方

意思表示の内容は、当事者の真意を合理的に探究して、できる限り

III 遺言執行者 　189

適法有効なものとして解釈すべきである。判例は、「遺言の解釈にあたっては、遺言書の文言を形式的に判断するだけでなく、遺言者の真意を探究すべきものであり、遺言者が多数の条項からなる場合にそのうちの特定の条項を解釈するにあたっても、単に遺言書の中から当該条項のみを他から切り離して抽出しその文言を形式的に解釈するだけでは十分ではなく、遺言書の全記載との関連、遺言書作成当時の事情及び遺言者の置かれていた状況などを考慮して遺言者の真意を探究し当該条項の趣旨を確定すべきものである」（最判昭和 58・3・18 判時 1075 号 115 頁）とする。

　また、遺言文言自体から遺言者の意思を合理的に解釈できる場合には、「遺言書に表われていない事情をもって、遺言の意思解釈の根拠とすることは許されない」（最判平成 13・3・13 判時 1745 号 88 頁）。しかし、「遺言の解釈に当たっては、遺言者の意思を尊重して合理的にその趣旨を解釈すべきであるが、可能な限りこれを有効となるように解釈することがその意思に沿うものであり、そのためには、遺言書の文言を前提にしながらも、遺言者が遺言書作成に至った経緯及びその置かれた状況等を考慮することも許される」（最判平成 5・1・19 民集 47 巻 1 号 1 頁）。

　遺言の解釈にあたっては、これらの判例の考え方の通り、遺言文言自体から遺言者の意思を合理的に解釈できる場合を除いては形式的に解釈するべきではなく、遺言者の生前の状況から、当該遺言の全体の内容についてまで検討し、遺言者の真意を探究して解釈する必要がある。

（2）具体的検討

　解釈の判断に迷う遺言の内容について一部紹介する。なお、結論としては遺言者の真意について、個別具体的事案に沿って判断するべきである内容であり、裁判例も多数存在する（赤西芳文編著『判例にみる遺言解釈のポイント』（新日本法規、2023 年）参照）。ただし、遺言の際にもう少し明確に記載していれば解釈に争いが出てこないという意味

では、遺言書作成の際に明確化するべきものであるとも言えるものである。

（a）妻Ａに渡す、と記載されているが妻Ａはすでに死亡しており、被相続人が新たにＢと再婚している場合　遺言者が財産を残したいと考えて遺言を残したのは、「妻」という立場の者か、「Ａ」個人なのか、について個別具体的に検討することになる。

（b）今後自分の面倒を見てくれる予定の甥の〇〇に渡す、と書いてあったが甥は海外にいて一切面倒をみていないという事情がある場合　遺言者の意思が、面倒を見てくれることを条件に法定相続人ではない甥に渡すという趣旨なのか、条件ではなく単なる希望を言ったのみで、いずれにせよ当該財産は甥に相続させる趣旨であるかを検討することとなる。

（c）Ａ銀行の預金のうち200万円は長女に、その残りは次女に相続させると記載がされていて、Ａ銀行以外にも相続財産がある場合

　Ａ銀行の預金が500万円であるような場合を想定すると、Ａ銀行の200万円だけが長女、残りの300万円と他の相続財産はすべて次女に相続させるという趣旨なのか、Ａ銀行の預金の取得割合のみ指定し、全体としては法定相続分で分けるのか、Ａ銀行の取得金額は指定し、残りの財産は法定相続分で分けるのかを検討することとなる。

（d）相続財産の20％を長男に譲るという記載　長男の法定相続分が6分の1であるとして、相続財産の20％を取得させるという趣旨か、法定相続分の6分の1に加えて20％を取得させるという趣旨かを検討することとなる。

（e）特定財産承継遺言がある場合で当該財産が受遺者の法定相続分を下回る場合　受遺者は当該特定財産承継遺言の対象財産しか取得できないのか、これ以外の相続財産について、法定相続分に至るまで取得できる趣旨かを検討することとなる。

（3）判断に迷ったときの対応

　遺言執行者は遺言の執行にあたっては、善良な管理者としての注意

義務をもって、その任務に当たらなければならない（民1012条3項、644項）。遺言の解釈についても、遺言執行者は遺言者の真意を探究して遺言を解釈していく必要がある。

　遺言の解釈について判断に迷った場合、過去の判例を検索することはもちろん、個別具体的な事情を調査し、遺言者の真意を探究しつつ当該遺言の解釈を検討する必要がある。後に紛争になった場合でも、誠実な調査のもとの執行であれば善管注意義務違反を問われることにはならないと考えられるが、それでもトラブルに巻き込まれることになる。受遺者や相続人の理解を得ながら進めることが本来望ましいし、それが叶わない場合には自らが原告となって裁判所に当該遺言の解釈を委ねるということも検討することができる。

Check Point

□遺言執行者に就任するかは自由だが、いったん就任すると善管注意義務が課せられ、辞任するには正当事由が必要な上、裁判所の許可が必要である。

□遺言執行者は遺言を前提に存在する立場だが、時に遺言無効を主張する立場にもなり得る。

□遺言執行者が遺言の執行について迷った場合には遺言者の真意を探究し、適切な遺言の執行を行うよう努める。

▶ 参 考 判 例

①東京地判平成15・11・27判例秘書L05834903　前妻の子を現在の妻に養子縁組することをお願いしている内容が存在する上で、妻に全財産を相続させる旨の遺言について、停止条件を付したものとは認められないとされた事例。

②東京地判平成13・6・26判タ1089号266頁　遺言書に「遺産金の10分の7」のものは○○に遺贈するという記載について、現金・預貯金の10分の7ではなく、相続財産全部の10分の7と解釈された事例。

③東京地判平成19・1・19判例秘書L06230219　「右各金融機関における遺言

者名義の金融債権及び有価証券の全部」に遺言者所有の株式が含まれないとされた事例。

◀ コラム ▶ 税理士の選び方

　弁護士業務を行うにあたって、身近に相談のできる税理士がいることは必要不可欠です。良い税理士、良くない税理士などというのは一概に評価は難しいですが、税理士にもタイプはあります。かなり厳格な判断をする税理士・ある程度ファジーな感覚で意見をもらえる税理士、法人の専門の税理士、相続の専門の税理士、などです。弁護士もいろいろなタイプがいるのでこれと対比すれば当然のことです。税理士の経験があった上で弁護士資格を取得している弁護士のような経歴の方でない限り、法律問題と税務問題について、共通言語で話すのも難しい状況もあり、ある程度親しくなって話ができる関係を作ることが重要です。

　では、我々弁護士はいったいどのようにして税理士と知り合いになれば良いのでしょう。案件を通じて知り合いになることもあれば、異業種交流の場で知り合いになること、自分の税務申告をお願いしている関係でのつながり、インターネットからの繋がり、知り合いからの紹介など、弁護士がクライアントと知り合うきっかけとなるのと同様様々です。気軽に聞くと悪いかな、と思う気持ちもあるでしょうが、自分がその相手から法的な質問をされても気軽に回答してあげたいという思いがある相手であれば、相手も同じではないかと思います。それでも気になるというのであれば、税務顧問などの契約を少額でも結んでおけば、躊躇なく聞くことはできます。ついでに自分の所得税の申告などもお願いするということで関係性を築くのも1つではないかと思います。誰もいないし、知り合うきっかけもつかめない、ということであれば自ら契約上の関係になる、という方法です。

　信頼できる税理士を見つけた上、その税理士ができないものは、

Ⅲ　遺言執行者　　193

その税理士から専門の税理士を紹介してもらう、というのが一番であるように思います。弁護士も一緒ですね。　　　　　　　　　　　［吉川　愛］

第 **6** 章

相続税

第6章 ● 相続税

Ⅰ…相続税と申告手続のあらまし

1 相続税の仕組み概要

(1)相続税の納税義務者

　相続税の申告が必要な人は、被相続人から相続・遺贈によって「財産を取得した人それぞれの課税価格の合計額」(相税16条)から「相続財産の価額から控除できる債務と葬式費用の金額の合計額」(相税13条)を差し引いた金額が、「遺産に係る基礎控除額＝3000万円＋(600万円×法定相続人の数)」(相税15条)を超える場合における当該財産を取得した人である(相税1条の3)。相続財産の総額が控除額の範囲を超えていれば、申告が必要となる。遺贈は、相続人以外の第三者に対してもなされるが、その第三者も、相続税の納税義務者となる(同条)。遺贈は、特定遺贈か包括遺贈かを問わない。

　納税義務者は、相続の開始があったことを知った日(通常は、被相続人が死亡した日)の翌日から10か月目の応当日までに、被相続人の住所地を所轄する税務署に相続税の申告書を提出するとともに、納付税額が算出される場合には、納税しなければならない(相税27・33条)。税額の納付は、原則として現金による一時納付で行うが、特例として延納または物納が認められている(相税38条・41条)。

(2)贈与税の納税義務者

　相続では生前贈与が問題となることが多いが(民903条、904条の2、1043条等)、それに関する贈与税は、相続税法上相続税と同列に扱われる。贈与税は、原則として贈与によって「財産を取得した者」に対して課されるが(相税1条の4)、一定の基礎控除額(年間110万円。相税21条の5・相特法70条の2の4)を控除した後の財産に対して課税されることになっている(相税21条)。贈与税においても、生命保険

196　第6章　相続税

金等や資産の低額譲受による利益などの「みなし贈与財産」がある（相税3条・5条）。

▼図表1　相続税の基本的な仕組み

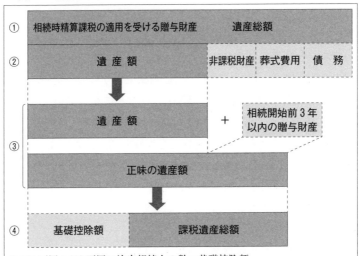

3,000万円＋600万円×法定相続人の数＝基礎控除額
注：被相続人に養子がいる場合、法定相続人の数に含める養子の数は、実子がいるときは1人（実子がいないときは2人）までとなる。「相続税の総額」の計算においても同じ。

非課税財産
1　墓所、仏壇、祭具など
2　国や地方公共団体、特定の公益法人に寄附した財産
3　生命保険金のうち次の額まで。500万円×法定相続人の数
4　死亡退職金のうち次の額まで。500万円×法定相続人の数

Check Point

□基礎控除額（3000万円＋(600万円×法定相続人数)）を超えないと相続税の申告と納税は不要となる。
□相続税の申告と納税の期限は、被相続人死亡日の翌日から10か月目の応当日である。
□遺贈を受けた第三者も、相続税の申告納税義務がある。

I　相続税と申告手続のあらまし　197

2　相続税の申告手続の概要

(1)課税財産の集計

　相続税は、相続または遺贈（死因贈与を含む）により取得した財産が課税財産となる。ただし、これらの財産のうちには、その財産の性質等、社会政策目的、国民感情等の見地から課税の対象とすることが適当でないと認められるもの、たとえば、墓地、墓石等の祭祀用財産、公益事業用の財産、死亡保険金・死亡退職金のうちの一定額については、非課税として課税財産から除外することになっている（相税12条）。この除外された後の財産の合計額（課税相続財産）から相続人が負担した被相続人の債務と葬式費用を控除して（相税13条）「純資産価額」を計算し、これに相続開始前7年以内（平成6年1月1日前は3年以内）に被相続人から贈与を受けた財産を加算して（相税19条）、相続税の課税価格を計算する。

(2)相続税額

　財産を取得した納税義務者が負担する相続税額は、まず、納税義務者全員の課税価格の合計額から遺産に係る「基礎控除」の額を控除した課税遺産総額を基礎として相続税の総額を計算し、次に、相続税の総額を課税価格に応じて按分した相続税額から、二重課税の排除として「贈与税額控除」（相税19条）、財産取得者の個人的事情を考慮した「配偶者の税額軽減」（相税19条の2）、「未成年者控除」（相税19条の3）、「障害者控除」（相税19条の4）、連続課税の税負担の調整のための「相次相続控除」（相税20条）などの税額控除（後述202頁）を行って、最終の相続税額を算出する（相税16条）。

C h e c k　P o i n t

　□相続税の課税価格は、相続により取得した財産から非課税財産を除外し、さらに相続債務と葬式費用を控除し、これに相続開始前7年以内に受けた贈与財産を加えたものとなる。

□相続税額は、納税義務者全員の課税価格合計額から基礎控除
　　額を控除した課税遺産総額を基礎とし、そこから贈与税額控
　　除、配偶者の税額軽減、未成年者控除、障害者控除などを行
　　って最終の税額を計算する。

3　相続税申告書の概要

(1)申告書の提出

　相続税については申告納税制度がとられている。すなわち、納税義務のある者が自ら課税価格および税額を計算した上で、期限内に申告書を所轄税務署に提出し、その税額を納付することになる（相税33条）。

　この相続税申告書には課税価格や税額のほか被相続人や相続人の氏名・住所などを記載する必要があるが、国税庁が定めた相続税の申告書様式を使用することにより、これらの事項を遺漏ないし誤りなく記載できるようになっている。

　なお、申告期限を経過した場合であっても、相続税の課税価格および相続税額の決定通知書が納税義務者に到達するまでは「期限後申告書」を提出することができる（相税30条、税通18条2項）。

(2)修正申告

　相続税の申告書を提出した後において申告書に記載された課税価格、相続税額に不足額があることが判明した場合、申告期限内であれば、「訂正申告書」を、申告期限後更正処分があるまでであれば、前に提出された申告書の修正すべき事項その他所定の事項を記載した「修正申告書」を、それぞれ納税地の所轄税務署長に対して提出することができる（相税31条、税通19条3項）。

(3)更正の請求

　相続税申告書に記載した課税価格や税額に誤りがあったことにより申告による納付すべき金額が過大であった場合は、法定申告期限から

Ｉ　相続税と申告手続のあらまし　　**199**

5年以内に「更正の請求」をすることができる（相税32条、税通23条1項）。ただし、遺留分侵害額請求を受けて相続財産が減少することになった場合や、未分割遺産の分割協議が成立し、特例等を適用することにより税額が減少する場合、新たに遺言書が発見されて相続財産の取得額に変更があった場合など特殊事由があった場合の更正の請求については、当該事由が発生したことを知った日の翌日から4か月以内に行うことが必要とされている（相税32条）。

更正の請求により、過大に納付した相続税額が還付される。還付に際しては、還付加算金が付加される。

▼ 図表2　相続税の計算例

相続または遺贈により財産を取得した各人ごとの課税価格は次のように計算する。
相続又は遺贈により取得した財産の価額
＋相続又は遺贈により取得したものとみなされる財産の価額
－非課税財産の価額
＋相続時精算課税適用財産の価額
－債務及び葬式費用の額
＋被相続人からの7年以内の贈与財産の価額（令和5年12月31日以前の贈与については、相続開始前3年以内）
＝各人の課税価額

計算例
法定相続人　配偶者A、子B、子C（子はいずれも未成年ではない）

（単位：万円）

財産の種類	合計	配偶者A	子 B	子 C
土地	12,000	12,000		
建物	2,000	2,000		
預貯金	10,000	2,000	3,000	5,000
債務	△ 3,000	△ 3,000		
葬式費用	△ 1,000	△ 1,000		
課税価格	20,000	12,000	3,000	5,000

1. 遺産総額の計算
　12,000万円＋2,000万円＋10,000万円－3,000万円－1,000万円＝20,000万円

2. 基礎控除額の計算

3,000万円 + 600万円 × 3人 = 4,800万円

3. 課税遺産総額の計算

20,000万円 − 4,800万円 = 15,200万円

4. 相続税の総額の計算（法定相続分で計算）

15,200万円 × 1/2 = 7,600万円　7,600 × 30% − 700万円 = 1,580万円　配偶者A

15,200万円 × 1/4 = 3,800万円　3,800 × 20% − 200万円 = 560万円　子B

15,200万円 × 1/4 = 3,800万円　3,800 × 20% − 200万円 = 560万円　子C

相続税の総額　＝ A + B + C = 2,700万円

5. 相続した遺産の割合

配偶者A = 12,000万円/20,000万円 = 0.6

子　　B = 3,000万円/20,000万円 = 0.15

子　　C = 5,000万円/20,000万円 = 0.25

6. 各人の算出税額（税額を取得財産の割合で負担）

配偶者A = 2,700万円 × 0.6 = 1,620万円

子　　B = 2,700万円 × 0.15 = 405万円

子　　C = 2,700万円 × 0.25 = 675万円

7. 税額控除および納付税額

配偶者A：配偶者の税額軽減（配偶者の法定相続分と1億6千万円のいずれか
　　　　　大きい金額までは相続税非課税）適用

民法上の配偶者法定相続分　　2億円 × 1/2 = 1億円 < 1億6,000万円

配偶者の課税価格：10,000万円 < 1億6,000万円なので1,620万円の税額は軽減される。よって納付税額は

配偶者A = 1,620万円 − 1,620万円 = 0円、子B = 405万円、子C = 675万円、合計1,080万円となる。

Check Point

□申告書提出後に相続税額の不足額があったとき、申告期限内
であれば訂正申告書を、申告期限後更正処分があるまでであ
れば修正申告書を提出する。

□申告書に記載した課税価格や税額の誤りによって納付税額が
過大であったときは、申告期限から5年以内に更正の請求を
する。

第6章 ● 相続税

II…相続税の計算

1 相続税課税対象の遺産

（1）相続財産の範囲

相続税の課税原因は、①相続による財産の取得、②遺贈（死因贈与を含む）による財産の取得の2つである。ここで財産（本来の相続財産）とは、現金、預貯金、有価証券、宝石、土地、家屋などのほか、貸付金、特許権、著作権など金銭に見積ることができる経済的価値のあるすべてのものをいう（相税2条）。ただし、死亡退職金・生命保険金等は、相続財産には該当しないものの、みなし相続財産として課税の対象となるので注意が必要である（相税3条）。

（2）控除

相続財産の総額からは、次のような金額を控除する。

①債務控除：相続債務、葬式費用等（相税13条）

②基礎控除：3000万円＋（600万円×法定相続人数）の額（相税15条）

③贈与税額控除：相続開始前7年以内の贈与によって取得した財産の額（相税19条）

④配偶者の税額軽減：1億6000万円または法定相続分のいずれか大きい金額に対応する税額（相税19条の2）

⑤未成年者控除：18歳に達するまでの年数×10万円の額（相税19条の3）

⑥障害者控除：85歳に達するまでの年数×10万円の額。特別障害者は20万円（相税19条の4）

⑦相次相続控除：前回相続の相続税額に1年10%の逓減をした金額（相税20条）

202 第6章 相続税

(3)相続税率

相続税の税率は、下記のように遺産額によってスライドしている（相税 16 条）。

1000 万円以下の金額	100 分の 10＝10％
1000 万円を超え 3000 万円以下の金額	100 分の 15＝15％
3000 万円を超え 5000 万円以下の金額	100 分の 20＝20％
5000 万円を超え 1 億円以下の金額	100 分の 30＝30％
1 億円を超え 2 億円以下の金額	100 分の 40＝40％
2 億円を超え 3 億円以下の金額	100 分の 45＝45％
3 億円を超え 6 億円以下の金額	100 分の 50＝50％
6 億円を超える金額	100 分の 55＝55％

(4)代償分割の代償金

マンションのように現物を分割取得することが困難な相続財産について遺産分割協議をするには、1 人の相続人がそれを取得し、その相続人が他の相続人に対して相続分に相当する代償金を支払う代償分割をすることが多い。この場合の代償金は、相続税申告においては、相続人の取得金額から控除され、控除後の金額を基礎として相続税額が算定される。反対に、被相続人の遺産を全く取得しなくとも、代償金を取得した相続人は、その代償金の額を基礎とした相続税を申告して納税しなければならない。

(5)限定承認の場合

限定承認とは、被相続人の残した債務等を相続財産の限度で支払うことを条件として相続を承認する相続人の意思表示による相続形態である（民 922 条）。限定承認によって、相続人の相続債務に関する責任は、相続財産を限度とする有限責任となるが、相続債務自体が減少するわけではないから、相続税申告では、相続債務の全額を遺産額から控除できることに留意する必要がある。

(6)遺留分侵害額請求があった場合

相続開始後に民法 1046 条に規定する遺留分侵害額請求が行われた

Ⅱ 相続税の計算　　203

場合、①遺留分侵害額の請求をした相続人については、遺留分侵害額の請求に基づき支払いを受けるべき金額を相続税の課税価格に加算し、②遺留分侵害額の請求を受けた受遺者については、遺留分侵害額の請求に基づき支払うべき金額を相続税の課税価格の計算上控除することになる。

　なお、すでに申告と納付を完了していた場合には、更正の請求をすることになる（相税32条1項3号）。

Check Point

□配偶者の税額軽減の限度額は、法定相続分か1億6000万円のいずれか多い金額と、大きい。

□相続税率は、10%から55%であり、遺産が3億から6億のときは半分が相続税で消えると覚悟する。

□代償分割の代償金をもらった相続人は、その代償金の額を基礎とした相続税を納付する。

2　遺産の評価

(1)遺産の評価の原則

　相続税（贈与税）の課税価格の計算にあたり、相続、遺贈（死因贈与を含む）および贈与（死因贈与を除く）により取得した財産の価額を評価する必要があるが、相続税法22条は、同法で評価方法を定めている一部の財産を除き、「相続、遺贈又は贈与により取得した財産の価額は、当該財産の取得の時における時価による」と定めている。

　この「時価」の意義については、課税時期における客観的交換価値、評価対象財産の現況に応じ、不特定多数の当事者間で自由な取引が行われる場合に通常成立すると認められる価額をいうものとされている（財評基通1項(2)）。そして、その価額は、実務上は国税庁が定めた「財産評価基本通達」の評価基準にしたがって土地、建物、株式等の

各財産の価額を評価したものになる。なお、評価にあたっては、当該財産の価額に影響を及ぼすべきすべての事情を考慮することになっている。また、時価を超えた価額による相続税および贈与税の課税は相続税法 22 条に違反することになるため、財産評価基本通達等の定めによって評価することが著しく不適当と認められる財産の価額については、国税庁長官の指示を受けて評価するものとされている（同基通 6 項）。

　財産評価基本通達の主たる定めを紹介する。

　（a）土地　　国税庁が税務署管轄区域ごとに毎年作成する「路線価図」による路線価の価額を採用する。なお、路線価図は全国すべての地域で作成されるわけではなく、過疎地等評価が困難な地域では、固定資産評価額に一定の倍率をかけることにしている。これを「倍率地域」と呼び、倍率方式による価額を採用することになる。なお、小規模宅地については、相続した 330 m^2 以内の特定居住用宅地、400 m^2 以内の特定事業用宅地、200 m^2 以内の貸付事業用宅地の相続税評価額を最大で 80% 減額することができる特例がある（措特 69 条の 4）。

　（b）建物　　市区町村が毎年評価する固定資産税評価額によるため、固定資産評価証明書を取り寄せることになる。第三者に賃貸している場合は、借家権割合を控除する。

　（c）借地権　　路線価図にある路線価に同図の借地権割合を乗じて評価する。借地権については、個別の土地ごとに評価書を作成する。

　（d）株式　　公開会社（上場会社）の株式については、その株式が上場されている金融商品取引所の相続開始時の終値で、非公開会社の株式については、純資産方式を原則的に採用して評価する。

　（e）預貯金　　相続開始時の残高証明書の金額による。外国預金については、相続時の為替レートによって計算する。

　（f）投資信託　　相続開始時の残高証明書の金額による。

　（g）国債・社債　　相続開始時における証券取引所の市場価格に

Ⅱ　相続税の計算　　205

よる。

（h）**自動車**　中古車市場の価格（一般的にはレッドブック）による。

（i）**宝飾品**　高価な宝飾品は、鑑定書の金額によるが、そうでない宝飾品は、適宜評価する。

（j）**家財道具**　通常一式として適宜に評価（古物としての処分価格が多いが、換価不能であれば0となる）する。

（2）特別受益の評価

　民法903条に規定する特別受益者は、具体的相続分の計算の際、特別な利益をいったん相続財産に戻したことにして（受贈者の行為が加えられる前の贈与時の状態のままで存在するとみなし、これを相続開始時の時価で評価した価額で持戻し価額を計算する）、具体的相続分を計算することになるが、相続税申告書に記載する財産の価額は、その具体的相続分から生前贈与の価額を除いた価額となる（生前贈与については、贈与税の申告がなされているはずだからである。これに対し、遺贈は、当然のことながら、除かない）。なお、被相続人は、持戻し免除の意思表示ができることになっているが、それがあっても、同じである。

（3）寄与分の評価

　共同相続人となる者の中に被相続人の財産の維持や増加に特別の貢献（寄与）をした者がいるときは、その寄与した相続人（寄与者）は、遺産分割の際に、法定相続分により取得する額に寄与分を加えた額の遺産を取得する権利がある（民904条の2）。

　民法904条の2に規定する寄与分については、抽象的な算定基準が定められているのみで、具体的な算定方法は定められていない。しかし、寄与分がある場合の相続分の算定方法は、基本的に次のとおりとなる。

　　相続財産の価額－寄与分＝みなし相続財産

　　みなし相続財産×法定相続分＝各相続人の法定相続分の額

　　各相続人の法定相続分の額＋寄与分＝寄与者の相続分

▼ 図表3　特別受益者相続分の計算例

```
遺産総額　　5億50万円（うち祭祀具50万円）
相続人　　　　　　　贈与時の価額　　相続時の価額
  配偶者A　生前贈与　　2,000万円　　　2,200万円
  子　　L　生前贈与　　3,000万円　　　2,500万円
  子　　M　生前贈与　　2,800万円　　　2,700万円
  孫　　B　生前贈与　　1,000万円　　　1,300万円
  子　　N　遺贈　　　　3,100万円
  孫　　C　遺贈　　　　1,000万円
```

1. みなし相続財産の価額

    未分割遺産の価額　5億50万円－50万円－4,100万円＝4億5,900万円
    特別受益額　2,200万円＋2,500万円＋2,700万円＋3,100万円＝1億500万円
    みなし相続財産の価額　4億5,900万円＋1億500万円＝5億6,400万円

2. 各相続人の具体的相続分の価額

```
配偶者A　　5億6,400万円×1/2－2,200万円＝2億6,000万円
子　　L　　5億6,400万円×1/6－2,500万円＝　6,900万円
子　　M　　5億6,400万円×1/6－2,700万円＝　6,700万円
孫　　B　　5億6,400万円×1/6－1,300万円＝　6,300万円
```

▼ 図表4　特別受益と寄与分がある場合の計算例

```
被相続人Xの遺産　　　　　9,000万円
子Cの特別受益額　　　　　　300万円
子D寄与分　　　　　　　　　600万円
みなし相続財産　　　9,000万円－300万円＝8,700万円
```

	配偶者	子 A	子 B	子 C
生前贈与	なし	なし	300万円	なし
みなし相続財産	8,700万円 9,000万円－300万円＝8,700万円			
法定相続分	$\frac{1}{2}$	$\frac{1}{6}$	$\frac{1}{6}$	$\frac{1}{6}$
法定相続分による算定額	4,350万円	1,450万円	1,450万円	1,450万円
法定相続分＋寄与分	4,350万円	1,450万円	△300万円 1,150万円	＋600万円 2,050万円

Ⅱ　相続税の計算　　207

寄与分は、遺産に対する一定割合で定めることもあれば、一定の金額で定めることもあるが、いずれであっても、寄与分によって取得する相続財産が増加するから、相続税もこれに伴って増加する。

（4）配偶者居住権

民法1028条に規定する配偶者居住権は、自動的に取得する権利ではないため、遺言による指定や遺産分割協議によって取得することになる。

配偶者居住権は、建物の価値を「所有権」と「居住権」に分けて考え、残された配偶者は所有権がなくとも一定の要件のもとに居住する権利を取得することで、被相続人が所有していた建物に引き続き住み続けられるようにするものである。被相続人の遺産である建物についての一定の財産的価値に着目した権利という性格を有するから、相続税課税の対象になるが、その評価については、相続税法23条の2が詳細を定めている。

なお、配偶者の居住の権利には、配偶者短期居住権があるが（民1037条）、これは暫定的な居住を認める権利とされるから、財産的価値があるとはいいがたく、相続税の課税対象にはならないと解される。

Check Point

□遺産の評価は、原則として国税庁が定めた「財産評価基本通達」による。

□土地は、国税庁が作成する「路線価図」によるが、小規模宅地については特例がある。

□建物は、固定資産評価証明書の評価額により、借地権は、路線価図の借地権割合をもとに評価する。

□配偶者居住権の評価方法は、相続税法23条の2が定めている。

▼ 図表 5　配偶者居住権の評価

配偶者居住権等の評価方法は次の通りである。

$$居住建物の相続税評価額* - \left(1 - \frac{耐用年数 - 経過年数 - 存続年数}{耐用年数 - 経過年数} \times 存続年数に応じた法定利率による複利現価率\right)$$

＊居住用建物の一部が賃貸のように供されている場合または被相続人が相続開始の直前において居住建物をその配偶者と共有していた場合には、次の算式により計算した額となる。

$$居住建物が賃貸の用に供されておらず、かつ、共有でないものとした場合の相続税評価額 \times \frac{賃貸のように供されている部分以外の部分の床面積}{居住建物の床面積} \times 被相続人が有していた持分割合$$

居住建物の価額

居住建物の相続税評価額 − 配偶者居住権の額（上記の配偶者居住権の価額）

敷地利用権の価額

$$居住建物の敷地の用に供されている土地の相続税評価額* - 居住建物の敷地の用に供される土地の相続税評価額* \times 存続年数に応じた法定利率による複利現価率$$

＊居住建物の一部が賃貸の用に供されている場合または被相続人が相続開始の直前において居住建物の敷地を他の者と共有し、もしくは居住建物をその配偶者と共有していた場合には、次の算式により計算した金額となる。

$$居住用建物が賃貸の用に供されておらず、かつ、土地が共有でないものとした場合の相続税評価額 \times \frac{居住用建物の賃貸の用に供されている部分以外の部分の床面積}{居住用建物の床面積} \times 被相続人が有していた居住建物の敷地の持分割合と当該建物の持分割合のうちいずれか低い割合$$

居住建物の敷地の用に供されている土地の価額

居住建物の敷地の用に供されている土地の相続税評価額 − 敷地利用権の価額（上記の敷地利用権の価額）

計算例

相続税評価額	建物	2,000万円	遺産分割日	2021年3月20日
	土地	5,000万円	配偶者の年齢	80歳10ヶ月（分割時）
建物建築日	2010年12月1日		平均余命	11.71年
建物構造	木造		配偶者居住	終身
相続開始の日	2020年10月1日		権存続期間	

賃貸の有無	無	法定利率	3％
建物所有者	被相続人	建物相続人	長男
土地所有者	被相続人	土地相続人	長男

配偶者居住権の価額

$$2,000 \text{万円} - \frac{2,000 \text{万円} \times 33 \text{年} - 10 \text{年} - 12 \text{年}}{33 \text{年} - 10 \text{年}} \times 0.701 = 13,294,783 \text{円}$$

耐用年数	33年（22年×1.5）
経過年数	10年
存続年数	12年（生命表に基づく平均余命11.71）
複利現価率	1

居住用建物の価額　2,000万円 − 13,294,783円 = 6,705,217円
敷地利用権の価額　5,000万円 − 5,000万円 × 0.701 = 14,950,000円
居住用建物の敷地の用に供される土地の価額　5,000万円 − 14,950,000円 = 35,050,000円

3　相続財産から控除できる債務と葬式費用

(1)債務

　相続財産から差し引くことができる債務は、被相続人が死亡したときに現に存在した被相続人の債務（借入金、未払金など）で確実と認められるものであることを要する（相税13条1項・14条1項）。ただし、被相続人に課される税金であって被相続人の死亡後に相続人などが納付または徴収されることになった所得税などについては、被相続人が死亡したときに金額が確定していなくても、金額が確定次第、債務として遺産総額から差し引くことができる（同条2項）。

　債務を差し引くことができるのは、当該債務を負担することになる相続人や包括受遺者である。ただし、被相続人が生前に購入した墓の代金などの非課税財産に関する債務は、遺産総額から控除することはできない。なお、被相続人が相続人に対して借入債務を負担していた場合、相続開始によって債権債務が同一人に帰属することから混同（民520条）によって債権債務は消滅するが、この場合は、混同で消滅していないものとして申告する。

▼ 図表 6　債務控除の計算例

土地賃貸期間 30 年　預り保証金 1 億円（無利息）　5 年後に相続開始
相続開始時現在の未経過期間 25 年の年 3 ％の複利現価率 0.47760557
相続開始時の債務の金額
　1 億円×0.47760557＝4,776 万 557 円

（2）葬式費用

　葬式費用は、葬儀会社と葬儀の契約をした者、通常は喪主が負担する債務であって、被相続人の相続債務ではない。しかし、相続の開始により必然的に生ずるものなので、相続税法では、相続債務とみなす取扱いをしている（相税 13 条 1 項）。

　遺産総額から差し引くことのできる葬式費用は、被相続人が死亡してから納骨までの費用のうち次に掲げるものである。領収証などの証憑がないと否認されるのが通例である。

①葬式や葬送に際し、またはこれらの前において、火葬や埋葬、納骨をするためにかかった費用（火葬費、骨壺費、納骨費等）

②遺体や遺骨の回送にかかった費用（遺体運搬費、火葬場往復交通費等）

③葬式の前後に生じた費用で通常葬式に欠かせない費用（葬儀場費用、祭壇費用、通夜振る舞い費用、会葬お礼費用、霊柩車費用等）

④葬式にあたり僧侶などに対して御礼をした費用（読経料、戒名料、永代供養料等）

⑤死体の捜索または死体や遺骨の運搬にかかった費用

これに対し、次の費用は、葬式費用に計上することができない。

①香典返しのためにかかった費用

②墓石や墓地の買い入れ、墓地の賃借のために要した費用

③初七日法要、四十九日法要、その他の法事のために要した費用

Ⅱ　相続税の計算　　211

Check Point

□墓の購入債務等非課税財産に関する債務は、遺産総額から控除できない。

□葬儀費用（葬式費用）は、相続債務ではないものの、課税対象の相続財産から控除されるが、香典返しや四十九日法要費は含まれない。

4　みなし相続財産

(1)概要

　民法上の相続または遺贈により取得した財産でなくても、経済的実質が相続または遺贈により取得したことと同じ効果があると認められる一定の財産について、課税の公平を図る観点から、相続または遺贈により取得したものとみなして相続税の課税対象としている。

　みなし財産の主たるものは、死亡退職金、被相続人が保険料を負担していた生命保険金契約の死亡保険金、定期金に関する権利、著しく低い価額の対価で財産の譲渡を受けた場合の利益であるが、ここではよく問題となる生命保険金と死亡退職金について解説する。なお、信託に関しては、相税9条の2から9条の5に特例が規定されている。

(2)生命保険金と死亡退職金

　（a）生命保険金　　生命保険契約には、被保険者と保険金受取人の定めにいくつかの種類があるが、一般的な被保険者が保険契約者、保険金受取人が法定相続人という契約の場合、保険金受取人に支払われる生命保険金は、相続人が固有の権利として受け取るものであるから相続財産には属さないが、相続税法上は、相続財産とみなされる（相税3条）。保険金受取人が指定されている場合（たとえば配偶者）でも、同様である。

　生命保険金は、その全額が課税対象となるわけではなく、「500万円×法定相続人数」の非課税限度額がある（相税3条、12条1項5号）。

212　　第6章　相続税

（b）死亡退職金　　国家公務員退職手当法では、退職手当金の受給権者と順位について民法の相続順位と異なる定めがされているが、遺族は、相続人としてではなく、自己の固有の権利として退職手当金を受給するものである。会社の就業規則、都道府県の条例でも同様の死亡退職金の規定が設けられていることが多いが、その性格は、同じように解されている。しかし、この死亡退職金は、相続財産ではないものの、相続税法上は相続財産とみなされることになっている（相税3条）。

ただし、その全額が課税対象となるわけではなく、「500万円×法定相続人数」の非課税限度額がある（相税3条、12条1項6号）。

Check Point

□遺産分割協議が成立していなくとも、法定相続分または指定相続分に基づいて「未分割申告」をしなければならない。

□未分割申告では、小規模宅地の特例、配偶者の税額軽減等の特例が適用されないが、申告期限内に「申告期限後3年以内の分割見込書」や「遺産が未分割であることについてやむを得ない事由がある旨の承認申請書」を提出すれば、特例の適用が可能になる。

5　配偶者の税額軽減

(1)相続税の軽減

配偶者の税額の軽減とは、被相続人の配偶者が遺産分割や遺贈により実際に取得した正味の遺産額が、①1億6000万円または②配偶者の法定相続分に相当する金額のどちらかより多い金額までは配偶者に相続税を課税しない制度である（相税19条の2第1項）。

この配偶者の税額軽減は、配偶者が遺産分割などで実際に取得した財産を基に計算されるから、相続税の申告期限までに分割協議が成立していない場合は税額軽減の対象にはならない。ただし、相続税の申

Ⅱ　相続税の計算　　213

告書または更正の請求書に「申告期限後 3 年以内の分割見込書」(215
頁)を添付したうえで、申告期限までに分割されなかった財産につい
て申告期限から 3 年以内に現実に分割ができたときは、税額軽減の
対象になる（相税 19 条の 2 第 2 項）。

　なお、相続税の申告期限から 3 年を経過する日までに分割できな
いやむを得ない事情（たとえば、相続人の一部が行方不明であるとき、死
後認知訴訟が提起されていたとき、遺産確認請求訴訟や遺産分割調停が長期
化しているとき）があり、所轄税務署長の承認（「遺産が未分割であるこ
とについてやむを得ない事由がある旨の承認申請書」(216 頁)の提出）を
受けたときは、その事情がなくなった日の翌日から 4 か月以内に分
割されたときも税額軽減の対象になる（相税 19 条の 2 第 2 項）。

（2）贈与税の軽減

　贈与税の配偶者控除とは、婚姻期間が 20 年以上の夫婦の間で、居
住用不動産または居住用不動産を取得するための金銭の贈与が行われ
た場合、一定の要件の下にそれらの財産にかかる贈与税の課税価格か
ら基礎控除 110 万円のほかに最高 2000 万円まで控除（配偶者控除）
することができるという特例をいう（相税 21 条の 6）。

　その特例を受けるためには、贈与税の申告書に戸籍謄本、戸籍附票、
不動産登記事項証明書、贈与契約書などの書類を添付することが必要
とされている。

Check Point

□保険契約者と被保険者が被相続人、保険金受取人が法定相続
　人という生命保険の保険金は、相続人が固有の権利として受
　け取るが、みなし相続財産になる。

□生命保険金は、500 万円×法定相続人数の額を超える部分に
　課税される。

□死亡退職金も、生命保険金と同様に取り扱われる。

通信日付印の年月日	（確　認）		番　　号
年　月　日			

被相続人の氏名 ＿＿＿＿＿＿＿＿＿＿＿

申告期限後3年以内の分割見込書

　相続税の申告書「第11表（相続税がかかる財産の明細書）」に記載されている財産のうち、まだ分割されていない財産については、申告書の提出期限後3年以内に分割する見込みです。

　なお、分割されていない理由及び分割の見込みの詳細は、次のとおりです。

　1　分割されていない理由

　　　_____

　　　_____

　　　_____

　　　_____

　　　_____

　2　分割の見込みの詳細

　　　_____

　　　_____

　　　_____

　　　_____

　　　_____

　3　適用を受けようとする特例等

　⑴　配偶者に対する相続税額の軽減（相続税法第19条の2第1項）

　⑵　小規模宅地等についての相続税の課税価格の計算の特例
　　　（租税特別措置法第69条の4第1項）

　⑶　特定計画山林についての相続税の課税価格の計算の特例
　　　（租税特別措置法第69条の5第1項）

　⑷　特定事業用資産についての相続税の課税価格の計算の特例
　　　（所得税法等の一部を改正する法律（平成21年法律第13号）による
　　　改正前の租税特別措置法第69条の5第1項）

（資4−21−A4統一）

遺産が未分割であることについてやむを得ない事由がある旨の承認申請書

（税務署受付印）

＿＿＿＿年＿＿＿＿月＿＿＿＿日提出

※欄は記入しないでください。

〒
住　所
（居所）＿＿＿＿＿＿＿＿＿＿＿＿＿＿＿＿＿＿＿＿

＿＿＿＿＿＿＿税務署長

申請者　氏　名＿＿＿＿＿＿＿＿＿＿＿＿＿＿＿＿＿＿＿

（電話番号　　　　－　　　　－　　　　）

遺産の分割後、
・配偶者に対する相続税額の軽減（相続税法第19条の2第1項）
・小規模宅地等についての相続税の課税価格の計算の特例
　　　　　　（租税特別措置法第69条の4第1項）
・特定計画山林についての相続税の課税価格の計算の特例
　　　　　　（租税特別措置法第69条の5第1項）
・特定事業用資産についての相続税の課税価格の計算の特例
　（所得税法等の一部を改正する法律（平成21年法律第13号）による改正前の租税特別措置法第69条の5第1項）
の適用を受けたいので、

遺産が未分割であることについて、
・相続税法施行令第4条の2第2項
・租税特別措置法施行令第40条の2第23項又は第25項
・租税特別措置法施行令第40条の2第8項又は第11項
・租税特別措置法施行令等の一部を改正する政令（平成21年政令第108号）による改正前の租税特別措置法施行令第40条の2の2第19項又は第22項
に規定する

やむを得ない事由がある旨の承認申請をいたします。

1　被相続人の住所・氏名

住　所＿＿＿＿＿＿＿＿＿＿＿＿＿　氏　名＿＿＿＿＿＿＿＿＿＿＿＿＿＿

2　被相続人の相続開始の日　平成／令和＿＿＿＿年＿＿＿＿月＿＿＿＿日

3　相続税の申告書を提出した日　平成／令和＿＿＿＿年＿＿＿＿月＿＿＿＿日

4　遺産が未分割であることについてのやむを得ない理由

＿＿＿＿＿＿＿＿＿＿＿＿＿＿＿＿＿＿＿＿＿＿＿＿＿＿＿＿＿＿＿＿＿＿

（注）やむを得ない事由に応じてこの申請書に添付すべき書類
①　相続又は遺贈に関し訴えの提起がなされていることを証する書類
②　相続又は遺贈に関し和解、調停又は審判の申立てがされていることを証する書類
③　相続又は遺贈に関し遺産分割の禁止、相続の承認若しくは放棄の期間が伸長されていることを証する書類
④　①から③までの書類以外の書類で財産の分割がされなかった場合におけるその事情の明細を記載した書類

○　相続人等申請者の住所・氏名等

住　所　（　居　所　）	氏　名	続　柄

○　相続人等の代表者の指定　　代表者の氏名＿＿＿＿＿＿＿＿＿＿＿＿＿＿＿

関与税理士		電話番号	

※	通信日付印の年月日	（確認）	名簿番号
	年　月　日		

（資4－22－1－A4統一）　　　（令3.3）

6 相続税の加算と相続人以外の者に対する相続税課税

(1) 相続税の2割加算

　相続、遺贈または相続時精算課税に係る贈与によって財産を取得した人が、被相続人の一親等の血族（代襲相続人となった孫（直系卑属）を含む）および配偶者以外である場合（2親等以上の直系尊属、兄弟姉妹が相続人の場合）には、その人の相続税額については、相続税額の2割に相当する金額が加算される（相税18条）。

　被相続人の養子は、一親等の血族であるから、相続税額の2割加算の対象とはならないが、被相続人の養子となっている被相続人の孫は、被相続人の子が相続開始後に死亡したときや相続権を失ったためその孫が代襲して相続人となっている場合を除き、相続税の2割加算の対象になる（相税18条）。

▼ 図表7　相続税額の2割加算が行われる場合の加算金額例

```
相続税額の2割加算が行われる場合の加算金額
　＝各人の税額控除前の相続税額×0.2

遺産総額           8,000万円
遺産取得者       法定相続人のみ  法定相続人以外を含む
  配偶者         5,000万円        3,000万円
  子　A          1,500万円        1,500万円
  子　B          1,500万円        1,500万円
法定相続人以外    なし            2,000万円

                 法定相続分      相続税額
  配偶者  1/2    4,000万円       600万円＝4,000万円×20％－200万円
  子　A   1/4    2,000万円       250万円＝2,000万円×15％－50万円
  子　B   1/4    2,000万円       250万円＝2,000万円×15％－50万円
  合　計         8,000万円       1,100万円

相続人別納税額（法定相続人のみ）
  配偶者    1,100万円×（5,000万円/8,000万円）    ＝687.5万円
  子　A     1,100万円×（1,500万円/8,000万円）    ＝206.25万円
  子　B     1,100万円×（1,500万円/8,000万円）    ＝206.25万円
```

II　相続税の計算　　217

相続人別納税額

配偶者	1,100万円×(3,000万円/8,000万円)	＝412.5万円
子　A	1,100万円×(1,500万円/8,000万円)	＝281.25万円
子　B	1,100万円×(1,500万円/8,000万円)	＝281.25万円
法定相続人以外	1,100万円×(2,00万円/8,000万円)×1.2	＝330万円

（2）相続時精算課税適用者

　相続時精算課税適用者が相続開始の時において被相続人の1親等の血族に該当しない場合であっても、相続時精算課税に係る贈与によって財産を取得した時において被相続人の1親等の血族であれば、当該財産に対応する一定の相続税額については加算の対象にならない（相税21条の9）。なお、相続時精算課税の概要は229頁参照。

（3）特別縁故者

　相続人が不存在の場合に、相続人探索の公告をしても相続人として権利主張をする者が現れないときは、家庭裁判所は、被相続人と特別の縁故があった者の請求によって、その者に対して相続財産の全部または一部を分与することができるが（民958条の2）、この特別縁故者は、分与時における分与財産の時価に相当する金額を被相続人から遺贈によって取得したものとみなされ（相税4条1項）、相続税の申告と納付をしなければならない（相税1条の3）。

（4）特別寄与料

　被相続人に対して無償で療養看護その他の労務提供をしたことにより遺産の維持または増加に特別の寄与をした被相続人の相続人以外の親族は、相続人に対して特別寄与料の請求をすることができるが（民1050条）、この特別寄与料の支払いを受けた相続人以外の親族は、特別寄与料の額に相当する金額を被相続人から遺贈を受けたものとみなされ（相税4条2項）、相続税の申告と納付をしなければならない（相税1条の3）。

（5）相続分の譲渡

　相続人は、その相続分を相続人以外の第三者に譲渡することができ

るが（民905条）、その譲渡を受けた者は、相続税の申告をしなければならない。相続分譲渡が有償で行われたとき、その譲渡代金は、債務として控除することができる。なお、相続分譲渡代金を受領した者は、所得税の申告を行うことになる。

Check Point

□配偶者の税額軽減は、申告期限までに遺産分割協議が成立していないときはその対象とならないが、「申告期限後3年以内の分割見込書」を提出して現に分割協議が成立すれば、軽減対象となる。

□「遺産が未分割であることについてやむを得ない事由がある旨の承認申請書」を提出して税務署長の承認を受ければ、その事情がなくなった日の翌日から4か月以内に分割協議が成立したときも、軽減対象になる。

□婚姻期間が20年以上の夫婦間での居住用不動産の贈与については、最高2000万円までの配偶者控除がある。

第6章 ● 相続税

III…相続税の申告手続

1 期限内申告

相続税の申告と納税は、相続の開始があったことを知った日（通常は、被相続人が死亡した日）の翌日から 10 か月目の応当日までに、被相続人の住所地を所轄する税務署に相続税の申告書を提出（期限内申告書）するとともに（相税 27 条）、納付税額が算出される場合には、原則として金銭により一度に納税しなければならない（相税 33 条）。

また、申告と納税が必要な場合には、相続または遺贈により取得した財産（相続開始の日から 7 年以内（令和 6 年 1 月 1 日から 3 年が 7 年に延長））に贈与によって取得した財産を含む。ただし、延長された 4 年間に贈与により取得した財産の価額が総額 100 万円以内（その価額は財産を取得した時における時価により評価した金額）であれば、加算されない（相税 3 条・19 条）。

相続時精算課税の適用を受けて贈与により取得した財産の額（相続時精算課税に係る贈与については、贈与時の価額）の合計額が遺産にかかる基礎控除額を超えた場合は、申告と納税が必要となる（相税 21 条の9）。

2 未分割の申告

(1)法定相続分による申告と納税

相続税の申告は、遺産分割協議が成立していなくとも、相続税法に定められた期限までに行う必要がある。遺産分割協議が継続中であるとか、相続人の一部と連絡がとれない、遺産の範囲に争いがあるなどという理由で相続税の申告期限が延びることはない。

遺産分割協議が成立していないときは、相続人は、法定相続分また

は遺言による指定相続分にしたがって遺産を取得したものとして相続税額を計算し、それに基づいて申告手続と納付手続を行うことになる（相税 55 条）。これを「未分割申告」と呼んでいる。包括遺贈を受けたときも、法定相続分または指定相続分にしたがって遺産を取得したものとして相続税の計算をし、申告と納税をすることになる（相税 1 条の 3）。

（2）特例の適用

　未分割申告を行う際に注意すべきなのは、相続税の特例である「小規模宅地等についての相続税の課税の特例」（措法 69 条の 4）や「配偶者の税額軽減の特例」（相税 19 条の 2）などが適用できないことである。したがって、相続税額は、これらの特例の適用がある場合に比較して増大することにならざるをえないが、その後に遺産分割が行われ、その分割の結果に基づいて計算した税額と申告した税額とが異なれば、実際に分割取得した遺産の額に基づいて「修正申告」または「更正の請求」をすることができる。

　なお、これらの特例の適用を受けるためには、申告期限内に、所轄税務署に対して「申告期限後 3 年以内の分割見込書」（215 頁参照）の提出および 3 年を経過する日まで未分割の場合は「遺産が未分割であることについてやむを得ない事由がある旨の承認申請書」（216 頁参照）の提出が必要となっている（相税 19 条の 2 第 2 項）。仮に遺産の価額が基礎控除の範囲内に収まっていても、申告が必要である。また、遺産分割方法の指定をした遺言（特定財産承継遺言）によって遺産全部を取得し、相続税の申告と納付を済ませた後に、遺留分侵害額の請求を受けた場合も、侵害額の支払いをしたことを理由として納付済みの相続税の一部還付を求めることについて「小規模宅地等についての相続税の課税の特例」と「配偶者の税額軽減の特例」の適用を受けるためには、「申告期限後 3 年以内の分割見込書」の提出および 3 年を経過する日まで未分割の場合は「遺産が未分割であることについてやむを得ない事由がある旨の承認申請書」の提出が必要になるので、注

Ⅲ　相続税の申告手続　　221

意が必要である。

> **Check Point**
>
> □２親等の直系尊属、兄弟姉妹が相続人であるときは、相続税
> 　の２割相当額が加算される。
> □相続財産の分与を受けた特別縁故者、特別寄与料の支払いを
> 　受けた相続人以外の親族は、当該金額の遺贈を受けたものと
> 　みなされ、相続税を申告して納付する。
> □相続分の譲渡を受けた第三者も、相続税の申告納税義務があ
> 　る。

3　申告書の読み方

　相続税の申告書には、被相続人の一身に専属したものを除き、被相続人に属した財産上の一切の権利義務が記載される（以下の相続税の申告書については、国税庁ホームページ（https://www.nta.go.jp/taxes/shiraberu/sozoku-tokushu/sozoku-shinkokukisairei30.pdf）を参照）。

　「第１表　相続税の申告書」（224 頁）には、当該相続に係る関係者（被相続人および相続人など）、被相続人の遺産総額、遺産分割による相続人の財産取得状況、それに対する各人の相続税の額が記載される。

　「第11表　相続税がかかる財産の明細書」（225 頁）には、相続財産の詳細が記載され、これにより被相続人の財産の詳細が判明する。

　「第13表　債務及び葬式費用の明細書」（226 頁）では、被相続人の債務の詳細が判明する。

　このほかにも、さまざまな計算書等の記載、添付が要求されているが、被相続人の一生を通じて形成された財産等の明細が上記の３つの表に記載されており、申告書を読む際には、特に重要となる。

222　第6章　相続税

4 共同相続人の個別申告の留意点

　相続人が複数いる場合、被相続人の財産は相続分に応じた共有状態になるため、遺産分割協議によってその承継者を決めることになる。そして、共同相続人は、遺産分割協議によってそれぞれの取得する相続財産が異なることにはなるが、相続税の申告書に関しては、相続人全員が1通の申告書に連名で記載して提出するのが通例である。しかし、相続人の1人が遺産を隠匿している可能性が高く、遺産の内容が不明な場合や共同相続人が不仲である場合、相続人の一部が相続税申告に非協力的である場合、同じ税理士に依頼したくないと主張する場合等は、共同相続人が個別に相続税申告書を作成して所轄税務署に提出することにならざるを得ない。

　そのような個別申告では、遺産の範囲が統一されていないことが多く、税務調査の対象になりやすくなる欠点がある。そのことは、税務調査の結果、追加の税金が発生することも多くなりがちである。さらには、税理士報酬が高くなることも避けられない。

　遺産分割協議で激しく対立し、共同相続人間でバラバラになったときは、個別申告にならざるを得ないのであるが、税理士間での情報交換くらいは行うように務め、できる限り税務調査の対象にならないようにすることが求められるであろう。

5 準確定申告
(1)制度の概要

　所得税は、毎年1月1日から12月31日までの1年間に生じた所得について計算し、その所得金額に対する税額を算出して翌年の2月16日から3月15日までの間に申告と納税をすることになっているが、年の中途で死亡した人の場合は、その相続人等が1月1日から死亡した日までに確定した所得金額を計算して、相続の開始があった日から4か月以内に死亡当時の納税地の税務署長に対して申告と納税をしなければならない（所税124条、125条）。これを「準確定申

第1表 相続税の申告書

この表では、各人の納付すべき税額を計算します。

【手順1】
12ページの第5表の手順6で記入した金額を転記します。

【手順2】
⑫〜⑰を合計した金額を記入します。

【手順3】
納付すべき税額等を記入します。

224　第6章　相続税

第11表　相続税がかかる財産の明細書

この表では、相続税がかかる財産（1ページの「1 相続財産」欄に記載の財産）を記入して、各人の取得財産の価額を計算します。

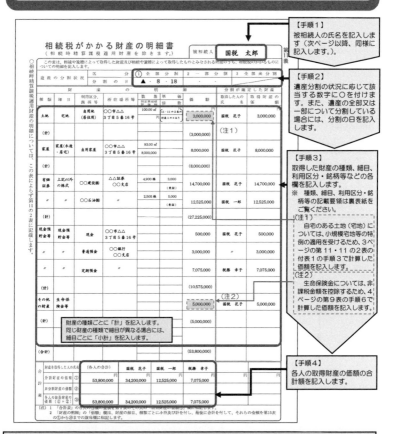

第13表 債務及び葬式費用の明細書

この表では、父（国税太郎）の債務及び葬式費用について、その明細を記入し、各人の債務及び葬式費用の合計額を計算します。

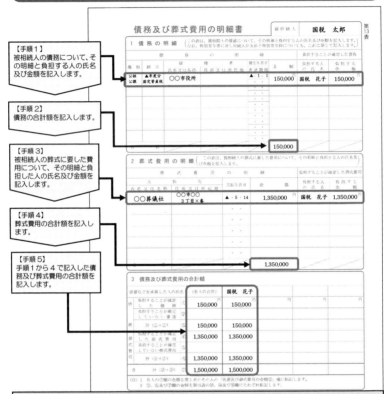

【相続財産の価額から控除できる債務と葬式費用】
　被相続人の債務は、相続財産の価額から差し引かれます。差し引くことができる債務には、借入金や未払金などのほか、被相続人が納めなければならなかった税金で、相続開始時点でまだ納めていなかったものも含まれます。
　被相続人の葬式に際して相続人が負担した葬式費用は、相続財産の価額から差し引かれます。葬式費用とは、①お寺などへの支払、②葬儀社、タクシー会社などへの支払、③お通夜に要した費用などです。
　なお、墓地や墓碑などの購入費用、香典返しの費用や法要に要した費用などは、葬式費用に含まれません。

告」と呼ぶが、「準確」と略称されている。

（2）限定承認・相続放棄をした場合

　準確定申告をする義務者は、相続人（包括受遺者を含む）であり、相続人が2人以上あるときは連署で提出する（別々に提出したときは他の相続人に対する通知義務がある）。なお、相続放棄をした場合は準確定申告をする必要がない。すべての相続人が放棄し相続人の不存在となったときは、相続財産清算人が行うことになる。

6　相続税と贈与税の関係

（1）相続税の制度趣旨

　相続税は、人の死亡により相続が開始され、その死亡した者（被相続人）に帰属していた財産、債務について、相続または遺贈等により相続人に移転する機会に定められた評価基準によって評価された財産に対して課税される租税である（相税1条の3）。なお、民法上の相続または遺贈により取得した財産でなくとも、経済的実質が相続または遺贈により財産を取得したことと同様の経済的効果があると認められる一定の財産（生命保険金、退職手当金、定期金等）については、課税の公平を図る観点から相続または遺贈により取得したものとみなして（みなし相続財産。相税3条・4条）、相続税の課税対象としている。

（2）贈与税の制度趣旨

　贈与税は、贈与によって「財産を取得した者」に対して課される租税であるが（相税1条の4）、相続税の補完税としての性質を有している。すなわち、相続税のみを課するとすると、生前に財産を贈与することによって、相続税負担を容易に回避することができてしまうため、このような相続税の回避を封ずることを目的として贈与税が採用されているわけである。

　なお、贈与税においても生命保険金等や資産の低額譲受による利益などの「みなし贈与財産」（206頁、みなし相続財産参照）がある（相税5条）。

Ⅲ　相続税の申告手続　　227

（3）両者の関係

　相続税と贈与税は、以上のように密接な関係を持っているため、1つの法律「相続税法」の中で規定されており、財産の評価等のように共通の取扱いを受ける場合が少なくない。

　なお、贈与税の税率は、相続税と同じように、下記のように贈与額によってスライドしている（相税21条の7）。

200万円以下の金額	100分の10＝10％
200万円を超え300万円以下の金額	100分の15＝15％
300万円を超え400万円以下の金額	100分の20＝20％
400万円を超え600万円以下の金額	100分の30＝30％
600万円を超え1000万円以下の金額	100分の40＝40％
1000万円を超え1500万円以下の金額	100分の45＝45％
1500万円を超え3000万円以下の金額	100分の50＝50％
3000万円を超える金額	100分の55＝55％

Check Point

□贈与税は、相続税の補完税としての性格を有し、相続税法中に規定がある。

□贈与税の税率も、贈与額に応じて10％から55％となっており、3000万円を超えると、半分以上が贈与税で消えると覚悟する。

7 相続時精算課税制度

(1)制度の説明

相続時精算課税制度とは、60歳以上の父母または祖父母が18歳以上の子または孫に対して財産を贈与した場合において選択できる贈与税の制度である（相税21条の9）。年齢の判定時期は、贈与をする年の1月1日である。

この制度を選択する場合には、贈与を受けた年の翌年2月1日から3月15日の間に相続時精算課税選択届出書、戸籍謄本その他の指定書類を添付した贈与税の申告書を提出する必要がある。

(2)注意点

基礎控除110万円は、毎年利用することが可能である。なお、令和5年12月31日までの贈与については110万円の基礎控除はない。

特別控除額2500万円は、前年までに使用した金額がある場合には、その残額のみを利用することが可能となっている。

贈与税は、毎年1月1日から12月31日（暦年）までに贈与を受けた金額が対象になり、上記の計算は財産の贈与者ごとに行う。贈与税を納めるのは受遺者である。

▼図表8　相続時精算課税制度による贈与税の計算方法

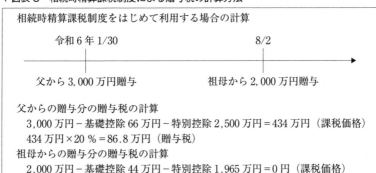

＊1　基礎控除110万円は贈与者ごとに按分

　　　父からの贈与分の基礎控除の計算

$$110\,万円 \times \frac{3,000\,万円}{3,000\,万円 + 2,000\,万円} = 66\,万円$$

　　　祖母からの贈与分の基礎控除の計算

$$110\,万円 \times \frac{2,000\,万円}{3,000\,万円 + 2,000\,万円} = 44\,万円$$

＊2　祖母から受ける贈与については、来年以降544万円（2,500万円 − 1,956万円）の特別控除が利用可能である。

参考　贈与税の「暦年課税制度」と「相続時精算課税制度」の比較

1.　相続税に加算される生前贈与の期間（令和6年1月1日以降の贈与）

　　暦年課税制度　　　相続開始前7年以内の贈与金額の全額（相続開始前4年から7年以内の贈与についてはその総額から100万円（相19条）を控除）

　　相続時精算課税制度　　　相続時精算課税や贈与について、基礎控除を超える贈与金額

計算例

ケース1　1,500万円を、毎年150万円ずつ、相続まで10年間続けて贈与する場合

贈与時期	贈与金額	暦年課税制度		相続時精算課税制度	
		控除額	課税金額	控除額	課税金額
10年前	150万円			110万円	40万円
9年前	150万円			110万円	40万円
8年前	150万円			110万円	40万円
7年前	150万円			110万円	40万円
6年前	150万円	100万円	500万円	110万円	40万円
5年前	150万円			110万円	40万円
4年前	150万円			110万円	40万円
3年前	150万円		150万円	110万円	40万円
2年前	150万円		150万円	110万円	40万円
1年前	150万円		150万円	110万円	40万円
相続					

加算対象

暦年課税制度　150万円 × 3年 +（150万円 × 4年 − 100万円）= 950万円

相続時精算課税制度　40万円 × 10年間 = 400万円

ケース2 1億円を、毎年500万円ずつ、相続まで20年間続けて贈与する場合

贈与時期	贈与金額	暦年課税制度		相続時精算課税制度	
		控除額	課税金額	控除額	課税金額
20〜 8年前	500万円 ×13年			110万円 ×13年	390万円 ×13年
7年前	500万円			110万円	390万円
6年前	×4年	100万円	1,900万円	110万円	390万円
5年前				110万円	390万円
4年前				110万円	390万円
3年前	500万円			110万円	390万円
2年前	500万円		1,500万円	110万円	390万円
1年前	500万円			110万円	390万円
相続					

加算対象
暦年課税制度　500万円×3年＋（500万円×4年－100万円）＝3,400万円
相続時精算課税制度　390万円×20年間＝7,800万円

　相続発生までの期間が比較的長く、かつ、比較的高額の贈与であれば、暦年課税制度を利用した方が加算対象となる贈与を減らすことができる。

　また、贈与者が高齢となった時点で、相続人への贈与について、相続時精算課税制度を選択する方法も考えられる。

Check Point

□ 60歳以上の父母または祖父母が18歳以上の子または孫に財産を贈与する場合には相続時精算課税制度が選択できる。

Ⅲ　相続税の申告手続　231

第6章 ● 相続税

IV…相続税の納税

1 納付期限と延納

相続税の申告および納税は、その取得した財産の額の合計額が遺産に係る基礎控除額を超える場合、被相続人が死亡したことを知った日の翌日から10か月以内に行うことになっている（相税27条1項）。

納税は、金銭による一括納付が原則である（相税33条）。しかし、相続税額が10万円を超え、納期限までに金銭で納付することを困難とする事由がある場合には、納税義務者の申請により、その納付を困難とする金額を限度として、担保を提供することにより、税務署長の許可のもとに、年賦の方法（年払い）で納付することができる（相税38条）。これを「延納」というが、延納期間中は利子税（延納期間および延納にかかる利子税の割合は、相続財産に占める不動産等の割合に応じて定められている）の納付が必要となる（税通64条）。

なお、延納申請をしないで相続税の納付を遅滞したときには、年14.6％の延滞税が課税される（税通60条）。また、相続税の申告自体を怠ったときは、相続税額の15％に相当する無申告加算税が課される（税通66条）。

2 物納

納付すべき相続税額を納期限までに延納によっても金銭で納付することを困難とする事由がある場合には、その納付を困難とする金額を限度として、申請書および物納手続関係書類を提出の上、不動産、船舶、有価証券、動産のいずれかをもって納付することが認められている（相税41条、42条）。これを「物納」というが、実務では、不動産、株券、証券投資信託が多い。物納財産の収納価額は、課税価格計算の

232 第6章 相続税

基礎となった当該財産の価額による（相税43条）。

> ### Check Point
> □相続税の金銭納付が困難な場合には、担保を提供して延納することができるが、一定の利子税も納付する。
> □延納でも相続税額の金銭納付が困難な場合は、物納をする。

3 連帯納付義務
(1)連帯納付義務の発生
相続税法34条は、相続税の連帯納付義務を規定しているが、その概要は、次のとおりである。

①同一の被相続人から相続または遺贈によって財産を取得したすべての者は、その相続または遺贈によって取得した財産にかかる相続税につき、当該相続または遺贈によって受けた利益の価額を限度として、相互に連帯納付義務を負う（1項）。

②同一の被相続人から相続または遺贈によって財産を取得したすべての者は、当該被相続人にかかる相続税または贈与税につき、当該相続または遺贈によって受けた利益の価額を限度として、相互に連帯納付義務を負う（2項）。

③相続税または贈与税の課税価格計算の基礎となった財産について贈与、遺贈等の移転があった場合、当該贈与または遺贈によって財産を取得した者等は、当該贈与、遺贈等をした者の当該財産を課税価格計算の基礎に算入した相続税額に当該財産の価額が当該相続税の課税価格に算入された財産の価額に占める割合を乗じて算出した金額に相当する相続税または贈与税について、その受けた利益の価額を限度として、相互に連帯納付義務を負う（3項）。

(2)連帯納付義務を負わない場合
相続税法34条1項は、連帯納付義務を負わない場合を規定してい

IV 相続税の納税 233

るが、それは、次のとおりである。

　①所轄税務署長が、申告書の提出期限から5年を経過する日までに、連帯納付義務者に対して、義務履行を求める納付通知書の送付をしていなかった場合（1項1号）

　②納税義務者が延納の許可を受けていた場合（1項2号）

　③納税義務者が農地などについての納税猶予を受けていた場合（1項3号）

Check Point

□他の相続人の納税額について連帯納付義務が発生することがあるから、その動向に注意を払う。

第6章 ● 相続税

Ⅴ…税理士報酬の相場

　税理士会報酬規定は、平成14年3月に廃止され、現在は各税理士事務所で独自に報酬基準を備え置かなければならなくなっているが、多くの税理士は、廃止前の税理士会報酬規定をそのまま援用しているようであるから、次の頁に旧税理士会報酬規定中の相続税と贈与税の基準を掲載する。

【参考文献】

金子宏『租税法〔第24版〕』（弘文堂・2021年）

岩﨑政明＝平野嘉秋編『税法用語辞典〔十訂版〕』（大蔵財務協会・2022年）

岩下忠吾『総説相続税・贈与税〔第4版〕』（財形詳報社・2014年）

岩下忠吾『詳細相続税〔8訂補訂版〕』（日本法令・2020年）

梶野研二『プロフェッショナル相続税・贈与税財産評価の実務』（清文社・2023年）

市川康樹編『図解相続税・贈与税　令和6年版』（大蔵財務協会・2024年）

東京税理士会調査研究部編『改正相続税・贈与税ガイドブック』（大蔵財務協会・2023年）

▼図表9　相続税

基本報酬額 100,000 万円に、次の基準による報酬額を加算する。

遺産の総額	税務代理報酬
5,000 万円未満	200,000 円
7,000 万円未満	350,000 円
1 億円未満	600,000 円
3 億円未満	850,000 円
5 億円未満	1,100,000 円
7 億円未満	1,350,000 円
10 億円未満	1,700,000 円
10 億円以上	1,800,000 円
1 億円増すごとに	10 万円を加算

[加算報酬]
①「遺産の総額」に係る報酬額については、共同相続人（受遺者を含む）1 人増すごとに 10% 相当額を加算する。
②財産の評価等の事務が著しく複雑なときは、基本報酬額を除き、100% 相当額を限度として加算することができる。

▼ 図表 10　贈与税

遺産の総額	税務代理報酬
100 万円未満	35,000 円
300 万円未満	60,000 円
500 万円未満	100,000 円
1,000 万円未満	120,000 円
2,000 万円未満	150,000 円
3,000 万円未満	180,000 円
5,000 万円未満	250,000 円
5,000 万円以上	280,000 円
1 千万円増すごとに	3 万円を加算

［加算報酬］
財産の評価等の事務が著しく複雑なときは、100％相当額を限度として加算することができる。

事項索引

あ行

遺言執行者…115, 184
　　――の辞任…189
　　――の法的地位…186
遺言書の隠匿…5
遺言信託…103
遺言代用信託…103
遺言能力…96, 164
遺言の解釈…189
遺言の偽造…100
遺言の効力…188
遺言の成立要件…164
遺言の撤回…101
遺言無効…96, 125, 163
遺産調査…149
遺産の評価の原則…204
遺産分割方法の指定…113
移送…155
遺贈…105, 119
遺贈義務者…105, 107
遺贈者…105
遺贈の放棄…107
遺贈の無効…108
遺族年金…28
著しい非行…7
一身専属権…60
委任契約…156, 168
遺留分…122
　　――の放棄…122
遺留分額…130
遺留分権利者…122
遺留分侵害額…130
遺留分侵害額請求…124, 173
遺留分侵害額の算定…130
遺留分率…130
遺留分を算定するための財産の価額…127

か行

開示義務…151

価格賠償…172
家業従事型の寄与分…40
仮想通貨…77
簡易な評価方法…88
換価分割…172, 178
還元方式…88
期限の許与…135
基礎財産…127
求償権…111, 134
共同申請…107
共有物分割…170
共有分割…179
居住権…79, 91
居住建物の使用・収益…84
居住の利益…81
寄与分…36, 142
　　――の要件…39
金銭出資型の寄与分…41
具体的相続分…53
形式的形成訴訟…171
形式不備の遺言…99
競売…179
原告適格…186
現物分割…172, 177
合意相続分…20
公序良俗…98
更正登記…115

さ行

債権の承継の対抗要件…115
財産管理型の寄与分…48
祭祀承継…148
死因贈与…119
死後事務委任…118
事実の調査…161
自書性…100
自庁処理…155
失踪宣告…14
使途不明金…145, 167

受遺者…105,133
熟慮期間…9
受贈者…133
準委任契約…168
準確定申告…223
準共有…71,74,75
消極財産…129
使用貸借契約…29,62
消滅時効…135
消滅請求…134
除斥期間…136
申告…232
審判手続…159
生計の資本…26
生命保険金…27,70
全部包括遺贈…105
葬儀費用…146
葬式費用…211
相続債権者…111
相続財産から差し引くことができる債務
　…210
相続財産清算人…14
相続財産の処分…10
相続財産の範囲…202
相続債務…170
相続させる…113
相続時精算課税制度…229
相続税申告書の概要…199
相続税と贈与税の関係…227
相続税の申告…232
相続税の申告が必要な人…196
相続税の納税…232
相続人…2
相続人資格の重複…3
相続分の指定…109
相続分の譲渡…23
相続分の放棄…22
相続放棄…170
相続放棄型の寄与分…50
即時抗告…155

た行
対抗要件主義…110,114
代襲相続…116

代償金…116
代償分割…172,178
段階的進行モデル…140
単独申請…107
調停前置…125,165
調停に代わる審判…158,161
当事者適格…186
登録免許税…114,120
特定遺贈…105
特定財産承継遺言…18,113,185
特別縁故者…15
特別受益…25,117,124,128,142,174
土地管轄…154

な行
納税…232

は行
配偶者居住権…147,179
配偶者居住権の買取り…85
配偶者の税額の軽減…213
廃除…6
被告適格…163,166
筆跡鑑定…100
不在者財産管理人…13
負担付遺贈…106
負担付贈与…128,175
不動産取得税…120
不当利得…167
不法行為…167
扶養型の寄与分…46
分割単独債権…73
包括承継…60
法定相続情報…142,153
法定相続情報証明書…4
法定単純承認…10

ま行
みなし相続財産…212
未分割の申告…220
持戻し…33
持戻し免除…124,128
　――の意思表示…34

事項索引　　239

や行

預貯金…65

　　——の払戻し…169

ら行

利益相反…156

履行補助者による寄与…38

療養看護型の寄与分…43

わ行

割合的「相続させる遺言」…111

割合的包括遺贈…106

判例索引

大正
大判大正 5・11・8 民録 22 輯 20 号 8 頁…107,108
東京控判大正 11・11・24 評論 11 巻民法1220 頁…11
大決大正 15・8・3 民集 5 巻 679 頁…9

昭和元〜40年
大決昭和 2・9・17 民集 6 巻 501 頁…187
大判昭和 3・7・3 新聞 2881 号 6 頁…11
大判昭和 12・2・9 判決全集 4 輯 4 号 20 頁…12
東京高決昭和 24・6・21 家月 1 巻 9 = 10 号 3 頁…7
最判昭和 30・5・10 民集 9 巻 6 号 657 頁…99,102
広島家審昭和 30・9・2 家月 7 巻 10 号 23 頁…7
最判昭和 31・9・18 民集 10 巻 9 号 1160 頁…186
仙台高決昭和 32・2・1 家月 9 巻 3 号 23 頁…6
最判昭和 36・4・27 民集 15 巻 4 号 901 頁…166
最判昭和 37・6・21 家月 14 巻 10 号 100 頁…11
大阪家審昭和 37・8・31 家月 14 巻 12 号 111 頁…7
横浜家審昭和 37・10・29 家月 15 巻 5 号 114 頁…15
東京家審昭和 38・10・7 家月 16 巻 3 号 123 頁…15
千葉家審昭和 38・12・9 家月 16 巻 5 号 175 頁…15
大阪家審昭和 38・12・23 家月 16 巻 5 号 176 頁…16
最判昭和 39・3・6 民集 18 巻 3 号 437 頁…107,108
熊本家審昭和 39・3・31 家月 17 巻 8 号 75 頁…16
最判昭和 40・2・2 民集 19 巻 1 号 1 頁…28,70
大阪家審昭和 40・3・11 家月 17 巻 4 号 70 頁…15
東京家審昭和 40・8・12 家月 18 巻 1 号 96 頁…16

昭和41〜63年
大阪家審昭和 41・5・27 家月 19 巻 1 号 55 頁…16
松山家審昭和 41・5・30 家月 19 巻 1 号 59 頁…15
大阪家審昭和 41・11・28 家月 19 巻 7 号 96 頁…16
最判昭和 42・4・27 民集 21 巻 3 号 741 頁…11
鹿児島家審昭和 45・1・20 家月 22 巻 8 号 78 頁…15
最判昭和 45・1・22 民集 24 巻 1 号 1 頁…72
東京高判昭和 45・3・17 高民集 23 巻 2 号 92 頁…5
大阪高決昭和 45・6・17 家月 22 巻 10 号 94 頁…15
最大判昭和 45・7・15 民集 24 巻 7 号 804 頁…72
大阪高決昭和 46・5・18 家月 24 巻 5 号 47 頁…16
福岡家小倉支審昭和 46・9・17 家月 24 巻 10 号 103 頁…7

最判昭和 47・2・15 民集 26 巻 1 号 30 頁…165
高松高決昭和 48・12・18 家月 26 巻 5 号 88 頁…16
大阪高決昭和 49・9・17 家月 27 巻 8 号 65 頁…29
神戸家審昭和 51・4・24 判時 822 号 17 頁…16
最判昭和 51・7・1 家月 29 巻 2 号 91 頁…9
長崎家審昭和 51・12・23 家月 29 巻 9 号 110 頁…170
松江家審昭和 54・2・21 家月 31 巻 10 号 84 頁…16
最判昭和 55・11・27 民集 34 巻 6 号 815 頁…74
最判昭和 56・4・3 民集 35 巻 3 号 431 頁…5
大阪家審昭和 56・4・10 家月 34 巻 3 号 30 頁…15
最判昭和 57・3・9 集民 135 号 313 頁…172
東京高決昭和 57・3・16 家月 35 巻 7 号 55 頁…51
最判昭和 57・11・12 民集 36 巻 11 号 2193 頁…136,137,175
福岡高決昭和 58・2・21 家月 36 巻 7 号 73 頁…29
最判昭和 58・3・18 判時 1075 号 115 頁…99,102,144,190
東京地判昭和 58・7・20 判タ 509 号 162 頁…99
最判昭和 58・10・14 判時 1124 号 186 頁…74
最判昭和 59・4・27 民集 38 巻 6 号 698 頁…10
東京地判昭和 59・7・12 判時 1150 号 205 頁…170
最判昭和 61・3・20 民集 40 巻 2 号 450 頁…12
東京家審昭和 61・3・24 家月 38 巻 11 号 110 頁…29
盛岡家審昭和 61・4・11 家月 38 巻 12 号 71 頁…48
最判昭和 61・11・20 民集 40 巻 7 号 1167 頁…98,102
長崎家諫早出審昭和 62・9・1 家月 40 巻 8 号 77 頁…49
最判昭和 62・10・8 民集 41 巻 7 号 1471 頁…100,103,164
最判昭和 63・6・21 家月 41 巻 9 号 101 頁・百選 III 166 頁…9
東京地判昭和 63・11・14 判時 1318 号 78 頁…99

平成元～10 年

最判平成元・2・9 民集 43 巻 2 号 1 頁…145
東京高判平成元・3・27 高民集 42 巻 1 号 74 頁…11
東京地判平成元・7・7 判タ 1185 号 291 頁…166
最判平成元・11・24 民集 43 巻 10 号 1220 頁・百選 III 116 頁…17
東京高決平成元・12・28 家月 42 巻 8 号 48 頁…38
岡山家審平成 2・8・10 家月 43 巻 1 号 138 頁…6
東京地判平成 2・12・12 家月 43 巻 4 号 35 頁…166
最判平成 3・4・19 民集 45 巻 4 号 477 頁・百選 III 186 頁…18,20
最判平成 4・9・22 金法 1358 号 55 頁…119
東京高決平成 4・10・14 家月 45 巻 5 号 74 頁…6
東京高決平成 4・12・11 判時 1448 号 130 頁・百選 III 112 頁…7
最判平成 5・1・19 民集 47 巻 1 号 1 頁…99,102,144,190
最判平成 5・7・19 判時 1525 号 61 頁…110,112
東京地判平成 5・9・14 判タ 870 号 208 頁…63
大阪家審平成 6・11・2 家月 48 巻 5 号 75 頁…49

最判平成 6・12・16 判時 1518 号 15 頁…5
最判平成 7・3・7 民集 49 巻 3 号 893 頁…31
最判平成 8・10・31 集民 180 号 661 頁…172
東京高判平成 8・11・7 判時 1637 号 31 頁…129,132
最判平成 8・12・17 民集 50 巻 10 号 2778 頁…62,91,93
最判平成 9・1・28 民集 51 巻 1 号 184 頁・百選 III 110 頁…5
最判平成 9・9・12 民集 51 巻 8 号 3887 頁…13
最判平成 9・11・13 民集 51 巻 10 号 4144 頁…101,103
最判平成 10・2・26 民集 52 巻 1 号 255 頁…62
最判平成 10・6・11 民集 52 巻 4 号 1034 頁…175

平成11～20年
名古屋高決平成 11・3・31 家月 51 巻 9 号 64 頁…10
最判平成 11・12・16 民集 53 巻 9 号 1989 頁…186
最判平成 12・2・24 民集 54 巻 2 号 523 頁…54
最判平成 12・7・11 民集 54 巻 6 号 1886 頁…177
最決平成 12・9・7 家月 54 巻 6 号 66 頁…178
東京高判平成 12・10・26 判タ 1094 号 242 頁…100,103
東京高決平成 12・12・7 家月 53 巻 7 号 124 頁…11
最判平成 13・3・13 判時 1745 号 88 頁…99,102,190
最判平成 13・3・27 集民 201 号 653 頁…166
東京高判平成 13・4・18 判時 1754 号 79 頁…63
東京地判平成 13・6・26 判タ 1089 号 266 頁…192
大阪高決平成 14・7・3 家月 55 巻 1 号 82 頁…11
最判平成 14・11・5 民集 56 巻 8 号 2069 頁…28
最判平成 15・4・18 民集 57 巻 4 号 366 頁…166
東京地判平成 15・11・17 判タ 1152 号 241 頁…30
東京地判平成 15・11・27 判例秘書 L05834903…192
最決平成 16・10・29 民集 58 巻 7 号 1979 頁・百選 III 124 頁…28,70
和歌山家審平成 16・11・30 家月 58 巻 6 号 57 頁…7
最判平成 17・9・8 民集 59 巻 7 号 1931 頁…73
最決平成 17・10・11 民集 59 巻 8 号 2243 頁…32
東京高決平成 17・10・27 家月 58 巻 5 号 94 頁…28
大阪家堺支審平成 18・3・22 家月 58 巻 10 号 84 頁…28
名古屋高決平成 18・3・27 家月 58 巻 10 号 66 頁…28
東京高決平成 18・4・19 判タ 1239 号 289 頁…147
広島高岡山支決平成 18・7・20 家月 59 巻 2 号 132 頁…15
東京地判平成 19・1・19 判例秘書 L06230219…192
大阪家審平成 19・2・26 家月 59 巻 8 号 47 頁…49
大阪高決平成 19・12・6 家月 60 巻 9 号 89 頁…26
最決平成 19・12・11 民集 61 巻 9 号 3364 頁…151
高松高決平成 20・3・5 家月 60 巻 10 号 91 頁…10

平成21年～平成31年

最判平成 21・1・22 民集 63 巻 1 号 228 頁…151

東京家審平成 21・1・30 家月 62 巻 9 号 62 頁…26

東京高判平成 21・12・21 判タ 1328 号 134 頁…119

東京高決平成 22・5・20 判タ 1351 号 207 頁…56

東京高決平成 22・9・13 家月 63 巻 6 号 82 頁…38

最判平成 23・2・22 民集 65 巻 2 号 699 頁…117, 118

東京高決平成 23・5・9 家月 63 巻 11 号 60 頁…7

最決平成 24・1・26 集民 239 号 635 頁…124, 126, 128

最判平成 25・2・29 民集 67 巻 8 号 1736 頁…171

東京高判平成 25・7・25 判時 2220 号 39 頁…172, 173

最大決平成 25・9・4 民集 67 巻 6 号 1320 頁・百選 III 120 頁…21

東京高決平成 26・1・15 判時 2274 号 23 頁…15

最判平成 26・2・14 民集 68 巻 2 号 113 頁…23

最判平成 26・2・25 民集 68 巻 2 号 173 頁…71, 74, 75

最判平成 26・12・2 平26（オ）964 号 …21

東京高決平成 27・2・27 判タ 1431 号 126 頁…15, 16

大阪高決平成 27・10・6 家判 8 号 66 頁…51

最大決平成 28・12・19 民集 70 巻 8 号 2121 頁…66, 69

最判平成 29・4・6 集民 255 号 129 頁…66, 69

神戸家審平成 30・4・30 家月 51 巻 10 号 135 頁…170

最判平成 30・10・19 民集 72 巻 5 号 900 頁・百選 III 130 頁…23, 30, 124, 126, 129, 132

令和元年～

最判令和元・8・9 民集 73 巻 3 号 293 頁…9

【著　者】

髙中正彦（たかなか・まさひこ）／弁護士（髙中法律事務所）
早稲田大学法学部卒業。昭和 54 年弁護士登録（31 期）。
『弁護士法概説〔第 5 版〕』（三省堂、2020 年）、『法曹倫理』（民事法研究会、2013
年）、『判例弁護過誤』（弘文堂、2011 年）、『論究 新時代の弁護士』（共編著、弘
文堂、2024 年）など。

市川　充（いちかわ・みつる）／弁護士（リソルテ総合法律事務所）
東京大学法学部卒業。平成 7 年弁護士登録（47 期）。
『弁護士の失敗学』（共著、ぎょうせい・2014 年）など。

安藤知史（あんどう・さとし）／弁護士（大西昭一郎法律事務所）
早稲田大学法学部卒業。平成 13 年弁護士登録（54 期）。
『会社法務のチェックポイント（実務の技法シリーズ 1）』（共編著、弘文堂、2019
年）、『担当部門別・会社役員の法務必携』（共編著、清文社、2007 年）など。

吉川　愛（よしかわ・あい）／弁護士（赤坂見附総合法律会計事務所）
慶應義塾大学法学部卒業。平成 16 年弁護士登録（57 期）
『こんなところでつまずかない！　弁護士 21 のルール』（共著、第一法規、2015
年）、『こんなところでつまずかない！　労働事件 21 のルール』（共著、第一法規、
2019 年）など。

宇賀神久雄（うがじん・ひさお）／公認会計士・税理士（宇賀神会計事務所）
中央大学卒業。昭和 55 年公認会計士、税理士登録。

【著　者】

高中　正彦　　弁護士（髙中法律事務所）

市川　充　　　弁護士（リソルテ総合法律事務所）

安藤　知史　　弁護士（大西昭一郎法律事務所）

吉川　愛　　　弁護士（赤坂見附総合法律会計事務所）

宇賀神久雄　　公認会計士・税理士（宇賀神会計事務所）

遺産分割のチェックポイント
【実務の技法シリーズ11】

2025（令和 7 ）年 1 月15日　初版 1 刷発行

著　者　高中正彦・市川充・安藤知史・吉川愛・宇賀神久雄

発行者　鯉 渕 友 南

発行所　株式会社 弘 文 堂　　101-0062 東京都千代田区神田駿河台 1 の 7
　　　　　　　　　　　　　　 TEL 03（3294）4801　振 替 00120-6-53909
　　　　　　　　　　　　　　 https://www.koubundou.co.jp

装　丁　青 山 修 作

印　刷　三 陽 社

製　本　井上製本所

Ⓒ 2025 Masahiko Takanaka. Printed in Japan

JCOPY 〈（社）出版者著作権管理機構　委託出版物〉
本書の無断複写は著作権法上での例外を除き禁じられています。複写される場合は、
そのつど事前に、（社）出版者著作権管理機構（電話 03-5244-5088、FAX 03-5244-
5089、e-mail：info@jcopy.or.jp）の許諾を得てください。
また本書を代行業者等の第三者に依頼してスキャンやデジタル化することは、たとえ
個人や家庭内での利用であっても一切認められておりません。

ISBN 978-4-335-31393-6

——————実務の技法シリーズ——————

〈OJTの機会に恵まれない新人弁護士に「兄弁」「姉弁」がこっそり教える実務技能〉を追体験できる、紛争類型別の法律実務入門シリーズ。未経験であったり慣れない分野で事件の受任をする際に何が「勘所」なのかを簡潔に確認でき、また、深く争点を掘り下げる際に何を参照すればよいのかを効率的に調べる端緒として、実務処理の「道標」となることをめざしています。

☑ 【ケース】と【対話】で思考の流れをイメージできる
☑ 【チェックリスト】で「落とし穴」への備えは万全
☑ 簡潔かつポイントを押さえた、チェックリスト対応の【解説】
☑ 一歩先へと進むための【ブックガイド】と【コラム】

会社法務のチェックポイント　市川　充=安藤知史　編著
美和　薫=吉田大輔 著　　　　　　　　　　　　　　A5判　2700円

債権回収のチェックポイント〔第2版〕　市川　充=岸本史子　編著
國塚道和=嵯峨谷厳=佐藤真太郎 著　　　　　　　　A5判　2500円

交通賠償のチェックポイント〔第2版〕　高中正彦=加戸茂樹　編著
荒木邦彦=九石拓也=島田浩樹 著　　　　　　　　　A5判　2800円

破産再生のチェックポイント　高中正彦=安藤知史　編著
木内雅也=中村美智子=八木　理 著　　　　　　　　A5判　2700円

建物賃貸借のチェックポイント　市川　充=吉川　愛 編著
植木　琢=小泉　始 著　　　　　　　　　　　　　　A5判　2800円

労働法務のチェックポイント　市川　充=加戸茂樹　編著
亀田康次=軽部龍太郎=高仲幸雄=町田悠生子 著　　　A5判　2800円

離婚のチェックポイント　高中正彦=岸本史子　編著
大森啓子=國塚道和=澄川洋子 著　　　　　　　　　A5判　2800円

裁判書類作成・尋問技術のチェックポイント
高中正彦=加戸茂樹=市川　充=岸本史子=安藤知史=吉川　愛=寺内康介 著
　　　　　　　　　　　　　　　　　　　　　　　　A5判　2500円

弁護士倫理のチェックポイント
高中正彦=加戸茂樹=市川　充=安藤知史=吉川　愛 著　A5判　2900円

遺産分割のチェックポイント
高中正彦=市川　充=安藤知史=吉川　愛=宇賀神久雄 著　A5判　3000円

※表示価格（税別）は2024年11月現在のものです。